他人を気にしない自分になる

精神科医
Tomy

PHP

まえがき

どうも、精神科医Ｔｏｍｙです。アテクシのこと、ご存じない方のために、ちょっぴり自己紹介。ＳＮＳで「ラクになる考え方」を発信したり、本に書いたりしているしがない精神科医です。書き言葉が「おネエ言葉」なのはご愛敬。だから自分のことを「アテクシ」なんて言ったりしています。

さて、今回のテーマは**「自分軸」**です。「自分軸」については、アテクシあちこちでお話しししています。簡単に言うと**「自分が納得するように、行動すること」**。これ、当たり前のように見えて、案外難しいんです。「本当はやりたくないんだけど、みんなやることになっているからやる」「好きではないけれど、評価が下がるのが嫌だから引き受ける」「世間体が悪いからやる」「相手が不機嫌になるのが嫌だから納得していないけどやる」。

こんなことといくらでもありますよね。でも、これらは全部「他人軸」。こんな行動ばかりしていたら、いつもモヤモヤするし、自分のやりたいことがいつまでたってもできない。

当然幸せになんかなりません。他人を優先してばかりで、自己肯定感も下がりまくりです。

だから、「自分軸」で生きる。自分のやりたいこと、納得したことをやる。それが幸せになる唯一の道だとアテクシは考えています。

ただ、「自分軸」ってシンプルなようで、わかりづらいんですよね。一見他人軸に見えるけれど、ちゃんと自分軸だったり、自分軸だと思っていたら他人軸だったり。そこでこの本の登場です。今回、「自分軸」について、これでもか、これでもかと、かみ砕いて書いています。皆様からのご相談に答える形なので、きっとわかりやすいと思います。

そこのモヤモヤしているアナタ。なんとなく自己肯定感を得られていないアナタ。幸せって何だろうと思いながら生きているアナタ。この本を読めば「自分軸」が何なのか、どうすれば自分軸でラクに、幸せに生きられるのか、まるで目の前の霧が晴れたかのようにわかるはずです。ぜひお手に取ってみてくださいね！

他人を気にしない自分になる　もくじ

第1章 他人の視線が気になって仕方ありません

第2章 なぜ、他人に反応してしまうのか

第3章 他人に反応せず生きていく方法

第4章 自分で自分を「なんとかする」

第5章 自己肯定感はカンタンにつくれるわよ

第6章 自分を大切にする

第1章

他人の視線が気になって仕方ありません

1

他人が気になるのなら、他人の優先順位を下げちゃえばいいのよ

他人が気になる心理を教えてください。友人や職場の同僚が「私のことをどう思っているのか」気になって仕方ありません。「他人に認められて初めて自分が評価されている」という気持ちになってしまいます。

他人が気になるというのは、ことさら珍しいことではないのよ。多かれ少なかれ誰もが持っているのではないかしら？　ただ他人のことばかり気にしていると、正直辛《つら》いのよね。だって他人は、自分でコントロールできるものではないから。常に他人の顔色ばかりうかがっていては、自分のやりたいこともできないし、楽しく生きられないでしょ。だから、なるべく「他人を気にしない」ことが大切なのよ。

では、**どうしたら他人を気にしなくなるのか**。それは、**他のことを気にすればいい**んです。人間は同時に2つのことを考えることは難しい。もちろん、悩みがたくさんあって、頭の中がいつもごちゃごちゃしてますっていう人はいくらでもいると思うわ。でも、よく考えてごらんなさい。悩みがたくさんあっても、同時にいろんなことで悩んでいるわけではないでしょ。ある悩みで頭がいっぱいのときは、他の悩みは出てこない。他の悩みが出てきたときは、さっきの悩みは一時的に追い出されている。つまり、悩みの多い人も、複数の悩みを同時に抱えているわけではないのよ。いろんな悩みが代《か》わる代《が》わる出てきて、結果としてたくさんの悩みがあるというわけ。

ということは、**他人のことが気になるのなら、他のことを考えればいい**のよ。それは何かと言うと、「自分のこと」ね。他人のことばかり気にしている人は、自分のことがお留守になっているの。他人のことばかり気にしていて、自分のやりたいこと、自分のやるべきことが進んでいない。自分のやるべきことが進んでいないから、余計に自己肯定感が持てなくなってしまう。そうすると自信がなくなって、さらに他人のことが気になる。

つまり、他人が気になると、どんどん他人のことが気になるようになる。負のスパイラルに陥《おちい》るの。**このスパイラルから抜け出すためには、他人のことはとりあえず置いといて、まずは自分のことを考えて。**自分のことは自分でコントロールできるから、誰の顔色もうかがう必要はないわ。そして、自分のことを考えると「やること」が出てくる。

たとえば、「資格を取りたい」という願望があったら、本を買ったり、予備校に通ったり、勉強したりしなきゃいけない。計画を立てて実行しなければならないわ。面倒だけど、**この「何かをしなければならない」というのは、ある意味救いでもあるのよ**。だって、何かを計画して行動しているうちは、余計なことを気にする必要がないからよ。つまり、アナタが気になって気になって仕方がない「他人」を頭から追い出せるの。これは別に真面目な目標じゃなくてもいい。遊びでもいいのよ。アナタのやりたいことが「東京ディズニーランドに行く」なら、それでも十分他人のことは頭から追い出せます。

そして、他人のことはさておき、自分のやりたいこと、やるべきことを進めるということが、他ならぬ「自分軸」のことなの。よく「他人軸」とか「自分軸」とか言うでしょ。あの話になるのよ。つまり、自分軸の生き方を目指すのも同じやり方でいいということよ。

そして、この行動パターンに慣れてくると、どんどん自分らしい生き方ができて、自己肯定感も高くなっていく。結果として、とりあえずではなく、本当に他人のことが気にならなくなっていくのよ。最高でしょ？

他人が気になるのなら、まず自分のことを優先しましょう。自分のことを考えて行動しているうちに、いつのまにか「他人」のことは頭から離れていきます。

2

「自信」が欲しい
と思うから、
自信がなくなるの

自分に自信が持てなくて悩んでいます。何をしても他人に勝《まさ》っていることがありません。いつも上司から注意され、後輩からはバカにされています。自己肯定感を持てと言われても、誰からも評価されていないのに持てるわけがありません。自己肯定感とは他人から評価されて初めて得られるものではないでしょうか？

違います。自己肯定感は、他人から評価されることで得られるものではありません。なぜアナタが自己肯定感が得られないのかというと、他人から評価されようとしているからなの。

禅問答みたいで、何を言っているのかわかりづらいかもしれないわね。これは、「自己肯定感の高い人」を想像するとわかりやすいかもしれません。アナタの考える自己肯定感の高い人は、きっとこんな人じゃないかしら。他人の顔色をうかがうことなく、自分の意見や考えがはっきりしている人。他人に左右されることなく、自分の目標に向かって行動できる人。でも、きっとその人に「アナタは自己肯定感が高くて素敵ですね」なんて話しかけたら、きっとその人はきょとんとするかもしれないわね。なぜなら、多分その人は、自己肯定感なんてどうでもよくて、ただ自分の考えや目標に従っているだけだから。

そうなのよ。**自己肯定感の高い人、自信があるように見える人は、実は自己肯定感のことなんか考えたこともない人。**自分にとっては当たり前だから、意識したこともない人なんです。アナタは「自己肯定感が欲しい」と悩んでいるので、紛れもなく自己肯定感のない人ね。

たとえば、海に行ったとします。自己肯定感の高い人は、「海だ！」と服を脱いで海に飛び込もうとするかもしれない。あるいは、「なんてきれいなんだろう」と景色を眺めたり、写真に撮ろうとするかもしれない。

でも自己肯定感の低い人はこう考える。「こんなところで水着になったら、みっともないかもしれない」「とても人様に見せられる体ではない」「写真を撮りたいけれど、変な写真を撮ったらバカにされるかもしれない」「ＳＮＳにアップしても、いいね！はどうせつかないだろう」。

両者の違いは何でしょうか？　それは「他人」の存在です。自己肯定感の高い人というのは、別に自信があるわけじゃない。他人のことを気にしていないというだけなの。自信があるのかどうかという考え方も、他人を意識しているから出てくる考え方で、本当に自己肯定感の高い人はそんな概念もないのよ。

ではどうしたら自己肯定感を持てるのか。それは他人の顔色をうかがわず、自分の考えを持つこと。そしてそれに従って行動できること。そう、結局前項の答えに出てきた「自分軸」と同じ話になるのよ。他人が気になるのも、自己肯定感を持てないのも、根っこは同じ。自分軸で生きていないからそうなるのよ。

では、どうしたら自分軸で生きられるのか。もうちょっとかみ砕いていきましょう。まず大切なのは「自分の考え」を明確にすること。今自分はどう考えているのか、どう感じているのか。他人に伝えるわけでもない自分の素直な気持ちを明確に意識することが大事よ。慣れないうちは書き出してもいいわね。なぜかと言うと、自己肯定感を持てない人は、他人の顔色をまずうかがう癖が染みついているの。それをずっと続けてきた結果、自分の考えがわからなくなっていることが多いのよ。だからまず、自分の考えを常に意識する。最優先で自分を理解する。その練習が大切なの。

自己肯定感を持てないのは、結局自分を優先できていないから。まず、自分が今何を感じ、考えているのか、それを明確にするといい。あとはその積み重ねです。

3

不安は当たらないと認識することが大切よ

友人やグループから無視されることが怖いです。グループＬＩＮＥで発言するのも、無視されるのではないかと思い、怖くて書き込めません。ＬＩＮＥで返信がないと嫌われているのではないかと思い、ふさぎ込んでしまいます。

対人関係に敏感な人って結構いるのよね。かく言うアテクシもその1人なんです。だから、この方の気持ち、めっちゃわかるわ。嫌われるぐらいなら、何もアクションしないほうがいいやって思っちゃうのよね。そして、人間関係が狭くなってしまう。

では、なぜこんなふうに考えてしまうのか。その正体は「嫌われるかもしれない」という不安なの。そして、この「不安」にはいくつかの種類があります。不安の種類も、いろんな分け方があるけれど、ここでは「合理性」という基準で分けてみましょう。一つは合理的な不安、もう一つは不合理な不安よ。

①合理的な不安

これは、不安になる根拠や理由に関して納得がいく不安ね。たとえば受験の不安。

合格できなかったらどうしようと思うのは当然のことよね。誰だって100%受かるとは限らないのだから。ヤマが外れたらどうしようとか、ミスしたらどうしようとか、まったく理解できない問題が出たらどうしようとか、不安になる合理的な理由はいくらでもあるわけ。

他にも就職活動、プレゼンなど、何かをやろうとするときには当然うまくいかない可能性もあるわけだから、合理的な不安は数多くあるわ。

②不合理な不安

これは、「そんなことはあり得ない」あるいは「ほぼ起きない」とわかっているけれど不安になるもののこと。こういうパターンの不安は案外多くて、しかもこの不安は厄介《やっかい》なの。理由もなく不安になっているわけだから、終わりがない。このパターンは、精神疾患の一つでもある「不安障害」でもよく見られるわ。

たとえば強迫性障害。一つの考えが頭の中に湧《わ》いてきて、それが原因で不安になるものです。その考えがバカバカしい、あり得ないとわかっていても止《や》められず、本人が苦しむことになる。たとえば鍵の確認。何度も戻って確認してしまうので、遅刻したり大幅に早く家を出なければならなくなったりするの。鍵をかけたとわかっていても、不安になって何度も確認してしまうのよ。

そして、「嫌われるかもしれない」と不安になる人は、後者の「不合理な不安」が原因になっていることが多いの。特に理由もない、あるいはささいなことで「嫌われた証拠になり得ない」ようなことでも「もし嫌われていたらどうしよう」と拡大解釈してしまうのね。

この場合、どうしたらいいのか。まず自分の不安は当たらないと認識することです。人が人を嫌うには、それ相応の事情があるわ。たいていは「好き」か「好きでも嫌いでもない」のはず。ましてや、人間関係に敏感で、何もなくても「嫌われたかも」なんて思っているアナタが嫌われるような何かをしでかす可能性は非常に低い。つまり、もっと自信を持って大丈夫だと認識することよ。

そして、こういう人は広く付き合うのは苦手でしょうね。よく知らない相手に対しては、「この人には嫌われない」という確信がより持ちにくいから。ではどうしたらいいかというと、ハブ&スポーク方式がおススメよ。

　これは、飛行機の運航方式の用語です。重要なハブ空港同士を大きな飛行機で結んで、そこから小さな飛行機で地方の空港に飛ぶ。それぞれの空港を直行便で結ぶよりも効率的に輸送できる。

　人間関係もこれが可能なの。**とても親しい、よくわかっている友人を少数でいいからつくり、その人経由で多くの人間とつながればいい**のよ。グループＬＩＮＥも、その親しい友人が交ざっているグループに入れば大丈夫。つまり安心できる人と少数でコミュニケーションを取るのがおススメよ。

「嫌われるかも」とむやみに不安になる人は、ハブ&スポーク方式で。安心できる深い友人を中心にコミュニケーションを取るのがいいでしょう。

4

言いたいことを言えるのは素敵。でも、全部言わなくてもいい

自分の言いたいことを我慢して相手の言い分についつい同調してしまいます。自分が我慢してうまくいくのなら、それでいいと思ってしまいます。でも本当の自分がなくなっていくようでストレスを感じます。

別に言いたいことを全部言う必要なんてないのよ。世の中には、自分の思うことを容赦なくポンポン言える人がいるけど、別にこれを目指す必要なんてないの。言うべきときに、言いたいことを言えればいい。ただそのためには、言うべきことを理解する必要があるわ。じゃあこの「言うべきこと」とは何か考えてみると、それは「言わないと、自分が納得できないこと」ということになる。つまり、どうしたら「自分が納得できるか」考えてみる必要があるのよ。ところで、**アテクシは自分軸の定義を、「自分が納得するように生きること」だと考えているの**。そうすると、結局この問題も自分軸のお話になってくるわけなの。

もし、アナタが「自分が我慢してうまくいくのならそれでいい」と本当に思っているのなら、納得できているはずよ。そうするともう十分自分軸なので、きっとアナタはモヤモヤなんかしていないでしょう。しかし、そうなっていないということは、納得していないというわけ。

まずアナタが何に納得していないのかを知る必要があるわ。それさえわかれば、それを伝えればいいから。ただ、自分の言いたいことを言えない人は、何に納得していないのか、自分で理解していなかったりするの。そして、うっかりなんとなく同調してしまった後で、モヤモヤするのよ。そのため、言いたいことに気がつき、言いやすくするための方法をいくつかお伝えするわ。

①時間を稼ぐ

自分の言いたいことを言い慣れていない人は、自分の気持ちがすぐにわからない人が多い。その場では、周りの空気を察することにエネルギーを使ってしまうからよ。ですから、返事は保留にして、のちに伝えるようにしましょう。「ちょっとよく考えてみるね」という具合にね。

②安易に同調しない

自分の意見がはっきりしなかったら、「とりあえずＹＥＳ」はやめておきましょう。答えない。あるいは「まだよくわからない」と答えるべきよ。わからないものをわからないと答えるだけでも、多少はモヤモヤしなくなるもの。また、わからないと言った結果、自分の意見が無視されたとしても、「満場一致」にはならないわけだから、アナタの意見は多少は反映されているわけよ。

③普段から自分の意見、気持ちを考えて書き出す練習を

自分の意見を言い慣れていない人は、すぐに意見が出てこないの。日頃から、自分はどう思うのか、箇条書きにしてシンプルに書き出す練習をしましょう。それができるようになったら、優先順位の高い意見から並べてみましょう。こうすると自分にとっての優先順位の高い「気持ち」がわかるようになるわ。優先順位の高いものさえ伝えることができたら、たいてい納得できるようになるものよ。

自分の気持ちは全部言わなくてもいい。「伝えなきゃ納得できない」ものだけ伝えるようにしてみる。そのためには、普段から自分の気持ちを考える練習をしましょう。

5

なんでもネガティブに考えて、ウジウジしがちな人は「ゼロベース思考」を目指すべきよ

同じ物事でも常にネガティブに考えてしまいます。「最近頑張っているね」と声をかけられても「いや前から頑張ってたのに見てくれてなかったの？」と思ってしまいます。

「ゼロベース思考」ってご存じかしら？　いや、アテクシも最近までよくわからなかったんですけどね、ビジネス用語の一つで「前提知識や思い込みにとらわれず、ゼロから物事を考えること」なんですって。この考え方って、新しい商品開発やアイデアを思いつくのに向いているらしいのよね。

でも、人間関係にもこの考え方が使えるなあって思うのよ。「他人に嫌われているかも」とか「どうせ私なんて」なんてネガティブに考えやすい人って、考え方の前提が「ゼロ」じゃないのよね。

たとえば「他人に嫌われているかも」と考えやすい人は、何か証拠があってそう考えているのではなく、基本は「自分は嫌われるに違いない」という考え方がベースにあるのよ。だから、「視線を合わせてくれなかった気がする」「送ったＬＩＮＥがなかなか既読にならない」「最近連絡が来ない」などといったささいな出来事があると、「自分は嫌われているかもしれない」と思い込んでしまうのよね。

考えてみれば、視線を合わせるのが苦手なのかもしれないし、たまたま座っていた場所が視線が絡みづらい位置だったのかもしれないし、忙しくてLINEを見る暇がなかったのかもしれないし、今立て込んでいる状況なのかもしれないし、他の可能性はわんさかあるはずなのよ。

それなのに、「自分は嫌われているに違いない」という考え方がベースにあるから、なんでもかんでもそこに結びつけてしまうのです。結びつけると「やっぱり嫌われていたんだ」という思いがさらに強くなり、余計ネガティブになっていく。こうなると修正不能な「妄想」に近い域にまで達しているわけよ。

アナタもそれと同じ現象が起きているかもしれないわ。「最近頑張っているね」と言われたら、「うれしいな、ありがとう」と思うのがフラットな状態だと思うのよね。「今までも頑張っていたのに、見てくれてなかったの？」と思うのは「自分が努力しても気づいてもらえない」「自分の価値は低い」という考え方が知らず知らずのうちにベースになっているからなのよ。

こうなるとすべての出来事がアナタのネガティブさを高めてしまうから、考え方を「ゼロベース」にする必要がある。「自分の価値は低い」「自分の価値は認めてもらえていない」という考え方をまず白紙にする。そのための具体的な方法を2つお伝えするわね。

①相手の立場になって考える

シンプルだけど、相手の立場になって考える。これだけで、自分の思い込みって解除できる可能性があるのよ。たとえば、同僚や友人が頑張っているのが目についたら、アナタは素直に褒めるでしょ。別に「過去は頑張っていなかったな」と思っているわけじゃない。

そもそも普段他人のことなんて、たいていの人は、あまり気にしていない。大きな変化があったときに、初めて気がつくものです。ダイエットしていてもあまり気がつかないけれど、だいぶ体重が減ったときに、何かの拍子にふと気がつく。「そういえば、だいぶ痩せたんじゃない？」――こんな感じじゃないかしら。そこに別に悪意なんかないでしょ。

②他人からの反応は期待しない

そもそも努力というのは、自分が努力したいから、自分のためにやるもの。他人にアピールするためじゃないのよ。他人にアピールするためだったら、それは努力とはまた違うものなの。他人からの反応を期待するから、考えがネガティブになる。ここも「ゼロベース」で考えて。

妙にネガティブな考えになってしまうのは、考え方が「ゼロベース」じゃないからです。ちゃんと「ゼロ」に引き戻してあげましょう。

6

負けず嫌いは他人軸。自分軸に戻しましょ

自分よりも仕事のできない人が部長になりました。客観的に見てなんの成果も上げていない人が評価されるなんて許せません。どうしたらこの怒りの気持ちを抑えることができるのでしょうか？

評価する側は絶対じゃないのよ。評価する側の事情や好き嫌い、その他の要因で評価は変わる。だって評価する側も人間なのだから。それに、アナタから見て、新部長は仕事ができない人かもしれないけれど、違う尺度から見たら彼のほうが評価が上なのかもしれない。たとえば、仕事のスピードや出来具合よりも、穏やかな性格を評価しているのかもしれない。

でも、そんなことはわからないから、いちいち考えなくてもいいのよ。大切なのは「評価は他人が行う」ということと、「評価する側の人間が評価する」ということ。つまり、アナタが納得いかなくても、それは反映されないのです。これはスポーツでいうルールなのよ。そして評価する人間は審判。審判に反対することを認めると、ぐちゃぐちゃになっちゃうから反対はできない。

では、理不尽なことを我慢して生きなければならないのか？　それはまた違うのよ。評価は他人がするし、その理由が納得いくものとは限らない。でも、他人の評価のブレというのは、いずれ収束していくんです。

どういうことかというと、アナタの能力が上がっていけば、評価しない人の数は徐々に減っていく。評価のブレというのは、いわばノイズみたいなもので、平均的にはアナタの能力に応じて上がっていくんです。今は納得いかないかもしれないけれど、ちゃんとやっていればどこかで評価される。仮に今の組織の中で冷遇されたとしても、違うところから、お声がかかるかもしれない。

そう考えていくと、**突き詰めれば「他人の評価なんてどうでもいい」**んです。アナタが**努力すれば何らかの形で報われる**わけだから。今、アナタが何を目指して、どうなりたいのか。それだけを考えて着々と成果を出せばいいのよ。それは言い方を変えると「自分軸」で努力するということです。評価されるために努力すると、怒りや悲しみが生まれるの。それは、評価をするのは他人なので、コントロールできないから。コントロールできないということは、期待した通りにはならない。するとそこに、今アナタが感じているように、怒りや悲しみが生まれるというわけです。今のアナタは「他人軸」なのよ。

それに、もしアナタの納得するように部長になれたとしても、不安が続くはずよ。今回たまたまというだけで、次はわからない。他人にどう評価されるかを常に気にすることになるはず。つまり、アナタの怒りというのは、構造的に必ず生まれる怒りなのよ。

でも、負けず嫌いの性格というのは、決して悪いわけじゃないわ。悔しいという気持ちをエネルギーに変える性格だからよ。それを利用して、「いつかはアイツより評価されるぞ」と思ってもいい。悔しさをバネにして、自分自身の目標に突き進むというやり方が一番いい方法よね。

他人の評価は変えられないから、「他人の評価のため」に努力したら辛くなる。悔しいという思いだけをバネにして、自分の目標に突き進みましょう。そうしたら、いずれ何らかの形で返ってきます。

7

自分の問題と、他人の問題は分けて考えるのよ

見栄っ張りです。親しいママ友の子どもが私立校に合格しました。自分の子どもは落ちました。自分の子どもに無性に腹が立ちます。真剣に取り組む姿勢が感じられず、情けない気持ちが拭《ぬぐ》えません。

この悩みの本質は、自分の問題と他人の問題を分けられていないことから起きているの。特にこの現象は距離感の近い間柄で起きやすいわ。ついつい子どものことを、自分の一部として捉えてしまい、その結果、問題の整理ができなくなってしまうのね。子どもといえども、別の人格、他人。他人である以上、自分がコントロールすることはできない。それなのに、期待してしまうからイライラするのよ。まずアナタの悩みを整理して、自分の問題と他人の問題を分けるところから始めたほうがいいわ。

では、具体的に考えていきましょう。アナタの悩みは何かしら？「子どもが勉強しないこと」よね。教育的に子どもを勉強させる方法は、きっと子育ての本にいっぱい書いてあるでしょうから、ここではメンタル管理を軸に考えていきましょう。

ところで「子どもが勉強しないこと」というのは、もうすでに他人の問題なのよね。自分が勉強しないのであれば、いかに勉強する時間をつくるか、いかにモチベーションを上げるか、いかに続けるかということを考えればいいわけだけど、他人の問題はどうしようもない。いくら自分が頑張ったって、本人がやらなければどうしようもないわけよ。そして、現にそうなって、アナタがイライラしているのよね。

じゃあどうすればいいのかというと、**自分の問題に落とし込むしかない**。自分の問題として考えると、**悩みは「子どもが勉強しないこと」ではない**のよ。**「子どものことでイライラする」がアナタの悩み**なんです。

では、どうしたら悩みが減るのでしょうか。それはまず、「子どもに期待しない」こと。親としてやれるだけのことはやって、あとは子ども次第。そう自覚するしかないのよ。どうしても期待しちゃうかもしれないけれど、それはひとまず後回しにして自分のやれることをやりましょう。

では、何が自分のやれることなのか。まず、なぜ勉強するのか理解してもらわないといけないわよね。そして、私立校受験により、どんなよいことがあるのか。たとえば学校見学をしたり、学校のパンフレットを見せたりして、「いい環境が待っている」ということを伝える。子どもにワクワクしてもらう。子どもにしてみたら「親の見栄のために勉強」なんかしてくれるわけがないのよ。アテクシも中学受験したのだけど、「校則で丸坊主にされたくない」という一心で受験したの。親の見栄のためじゃないわ。

で、子どもが勉強したいと思ってくれたら、そのために必要な環境を整える。勉強したいと思ってくれないのならば、勉強したくなる仕掛けをつくる。ご褒美もアリだと思うわ。あとは子どもの能力に応じた環境をつくる。無理に難しいことをさせても、「できない」という劣等感だけ育って勉強が嫌いになったら元も子もない。こうやって、自分の悩みとして捉えたら、いくらでもやれそうなことは出てくるのよ。もう受験は終わっちゃったけど、今後も勉強は必要だから、参考にしてね。

いくら子どもでも、他人は他人。自分の問題と他人の問題を分けて、自分の問題を解決するようにしてみましょう。

8

他人に拒絶されるのが怖い人は、まず は「安心できる人」を1人だけでいいから確保するの

友人をつくることができません。自分が好かれることを確信できない限り、友人を持ちたいと思えません。他人に拒絶、批判されることに耐えられないのです。私は回避性パーソナリティ障害でしょうか？

回避性パーソナリティ障害かどうかは別として、回避性の性格である可能性はあるわね。ちなみにパーソナリティ障害とは、「性格の偏りが大きくて、本人あるいは周囲の日常生活に支障が出るもの」と捉えてください。誰だって特徴的な性格がある。それ自体はパーソナリティ障害とは言わないけれど、その性格が極端すぎて日常生活に支障が出てくると「パーソナリティ障害」と診断するわけです。また、その治療は多くの場合、認知行動療法などのカウンセリングの技法を使って、少しずつ改善していくしかないの（症状によっては、薬物療法も併用します）。

　では回避性パーソナリティとは何かだけど、簡単に言うと「うまくいかなくなることを恐れて、行動できない」傾向のある性格のこと。特に対人関係で、その傾向が出てくるわ。もっとわかりやすく言うと「嫌われるのが怖くて、そもそも人間関係を築けない」「恥をかくのが怖いから、会議に出ない」といったような状況が起きるの。なぜこんな状況が起きるのかというと、根底に「自分は嫌われるに違いない」という確信めいた不安があるからなの。これといった理由もないのに自信が極端にないのよ。だから、人となかなか関われない。

実はアテクシにもこの傾向があって、他人と仲良くなる段階でかなりのストレスがあります。「ＬＩＮＥの返事がちゃんと来ないと嫌だから、ＬＩＮＥ送るのやめよう」なんてこともあるぐらい。急に嫌われる理由がないのはわかっているのに、やっぱり不安になるのよ。

この原因は元々の性格傾向もあるし、その後の生い立ちや人生経験も関わってくると思うわ。たとえば、空気を読むのが苦手な傾向があって、悪気はないのにひんしゅくを買った。人間関係が不安定な人と深く関わってしまって、理由もなく冷たくされた。親から「お前はダメなやつだ」というような言葉を浴びせられていた。そんなことがあるとどうしても、今の自分に自信が持てなくて、人と関われなくなるのよ。

ではどうすればいいかだけど、まずは嫌われてもいいと思って誰かと関わること。

関わるときは大勢の中の1人という形で関わるのがおススメです。グループの食事会に行くとかね。深く関わると傷つくのなら、浅く広く関われればいい。友達になんかならなくてもいいのです。そのうちに、とてもフレンドリーな人が出てくると思うので、そうしたらその人のお誘いに乗ってみて。つまり、**1人でいいから「この人はアナタに対して失礼な行動をしないだろう」という人をつくる**のね。もうすでにそういう人がいたら、新たにつくらなくても大丈夫。

そして、その「安心できる人」を介して、27ページで紹介したハブ&スポーク方式でいろんな人とつながっていくのが一番いい方法よ。積極的でフレンドリーな人は友達が多いから、自然と知り合う機会は増えるはず。そして、仲良くできそうな人がいたとしても、最初は安心できる人と一緒に会うようにするのがおススメね。

他人に拒絶されるのが怖い人は、「嫌われてもいい」と開き直って、まずは浅く広く関わる。そのうち、安心できる人が出てくるから、その人を介して友人を少しずつ増やしていきましょう。

第2章

なぜ、他人に反応してしまうのか

9

ヒソヒソ話は、無関係なノイズだと思いましょ

他人のヒソヒソ話に反応してしまいます。女性ばかりの職場で逃げ場がありません。職場の仲間が集まって話しているのを見ると、私の悪口を言っているのではないかと思ってしまいます。

陰でヒソヒソ話をしているあの感じ、とても嫌なものよね。ただ、ヒソヒソ話をする人ってたいてい複数なので、直接対応はしづらいもの。じゃあ、どうすればいいのかというと、何もしないのが大正解よ。

まず、ヒソヒソ話が自分のことを言っているとは限らない。個人的なアテクシの感想だと、自分のことを言っている可能性は半々ぐらいね。もし自分のことを言われているとしても、**文句があるのなら直接言いに来ればいい**のよ。**それほどのことじゃないから、陰でヒソヒソ言うわけ**です。つまり、取るに足りないこと。

この場合、アナタが気にすればするほど、周りは余計ヒソヒソするの。なぜかというと、アナタが気にしているのが伝わるから。これもいじめのようなものだから、アナタが困っている様子が、彼女らの報酬になってしまうのよ。だから余計ひどくなる。なので気にしている素振りすら見せないのがいいわけ。幸いこういう連中は、飽きっぽい傾向がある。アナタの反応が面白くなければ、あっというまにターゲットから外されるわ。また、自分のことを言われていないとしたら、はなから気にする意味がないでしょ。いずれにせよ、何もしないのが大正解というわけね。

とはいえ、気にしないようにするにも、なかなか難しいかもしれないわね。そこで気にしないようにする考え方についてお話ししましょう。

そもそも陰でヒソヒソ話をする人たちというのは、関わってもあまりいいことのない人たちです。正々堂々と自分の意見を言えず、誰かを仲間外れにすることで自分たちの立場の安定を図ろうとする。実にくだらない人たちなのよ。

この人たちには他に武器がないので、誰かを孤立させることを武器にしようとします。そもそも、このグループの人たち自身が孤立が怖くて仲間になっているのよ。つまり、大本の元凶は「孤立したくない」という思いなの。

だけど、冷静に考えてみて。この人たちから孤立したとして何か問題があるのかしら？　孤立したくないと思い続ける限り、ずっと付き合わなきゃいけない。そして、また新しいターゲットができたら、今度は孤立させる側に回るわけ。そんなのごめんよね？　一緒にいたところで何も楽しいことなんか起きやしないわよ。

だから、「仲間外れになったらどうしよう」という思いはいらない。むしろ面倒な連中なら仲間外れにしてもらったほうがいいわけよ。そして、相手は面倒な連中なんだから、まさに事態は順調なのであって、何もする必要はないの。

　実際アテクシにも経験があって、学生時代にヒソヒソ言うグループがいたの。まだ若かったからいろいろ気にして、友達とかに相談してたのよね。遠回しに何を言われているか聞こうとしたり。でも、そんな態度をとっているうちはなかなか変わらなかった。途中で面倒くさくて「どうでもいいや」と思ったら、ヒソヒソ言われなくなったわ。案外そういうものなのよね。それからは、ヒソヒソ言われているのかどうかすらもわからなくなったわ。

ヒソヒソ話には、完全に何も対応しないのが大正解です。

10

思ったことを口にするのは大切だけど、コツはあるのよ。とはいえ、気にし過ぎもよくないわ

過去の嫌な経験が忘れられません。マイペースな自分は思ったことを発言するタイプでした。あるとき友人の外見を褒めたつもりが、悪口と捉えられて友人関係が壊れました。それ以来、思ったことを口にできなくなりました。

確かに自分の考えを口にすることは大切なんだけど、それを実行するとアナタみたいに嫌な思いをする可能性はあるのよね。なぜそういうことが起きるのかというと、2つの理由が考えられるわ。

①友人が、相手の意見を否定するタイプだった

世の中には、「相手の軸」を奪う人がいるのよ。こういう人は自分の問題と、他人の問題を区別できていない。だから、嫌なことを言われると「アナタは間違っている」「そんなことを言うな」と封じようとするのね。本来相手がどう思うか、相手がどういう発言をするかは相手の自由なのに、それを許さない。これがエスカレートすると、ハラスメントや圧力になったりすることもあるわ。

たとえば、毒親。毒親の定義というのは人によっても違うかもしれないけど、いわゆる「毒親」は子どもの自主性を奪う傾向にあるわ。だから、子どもが何か意見を言うと否定する。子どもの自主性を否定し、子どもが決めるべきことも親が決めようとする。

モラハラをするパートナーは、相手が何か意見を言おうとしても「お前は考えなくていい」と否定する。パワハラをする上司は、部下の意見を聞こうとせず、自分の意見を押し付けてくる。

もしアナタの友人が、他人の意見を否定するようなタイプだった場合、アナタの悪気のない言葉も悪く取って否定してくるかもしれない。場合によっては、人格ごと否定する人もいるの。

②アナタの言い方や内容に、配慮が必要だった

本質的には、自分の考えを相手に伝えるほうがいいけれど、何でもかんでも思ったことを口にしていいわけではないの。コミュニケーションですから、一定の配慮というのは当然必要になってくるわ。一般的には、相手に伝えてもどうしようもないこと、相手を不愉快にさせるようなことは伝えないほうがよいわ。マイペースの人は、悪気がない分、そのあたりが無頓着だったりするの。

また言い方の問題もあるわ。基本的には自分の意見を相手に伝えるときは、「アイメッセージ」が基本。「私はこう思う」「私はこう感じる」というように「私」を主語として伝えるのが「アイメッセージ」よ。一方で「アナタは○○だ」というように「アナタ」を主語にして伝えるのが「ユーメッセージ」。この言い方だと相手のことを決めつけたニュアンスが出るので、相手が不愉快になりやすい。

実際のところはわかりませんが、たとえ褒めているつもりだったとしても、配慮が足りなかったかもしれないわね。

では、①と②を踏まえた上でどうすればいいのか。もし理由が前者だった場合は、相手の問題なので、放っておいてもよいでしょう。友人関係が壊れたと言いますが、結果としてそれで距離が取れるようになったのだから、それでいいと思うわ。後者の場合は、「言うべきことか考えてから伝える」「アイメッセージを使う」ということを意識するようにしてみて。

後はアナタが悪いんだと思い過ぎないことね。結局、アナタと相手の相性が悪かったから壊れたとも言えるのよ。そうじゃなかったら、喧嘩はしても仲直りするから。

そもそもささいなことじゃない？

「自分の考えは相手に伝えるべきだ」とは言っても、コミュニケーションとしての配慮は必要です。でも、結局は相性の問題もある。自分を悪いと思い過ぎないでください。

11

自分が他人軸でも あきらめないで！ 自分軸に変えていく 方法はあるのよ

育ちの傷が癒えません。元気で活発な自分でしたが、長男だったため兄弟間であらゆることに我慢を強《し》いられて自分を出すことが難しくなり、家族の顔色をうかがう他人軸の人間になってしまいました。

自分が自分軸で生きる人なのか、他人軸で生きる人なのか、元々の性格傾向や生い立ちが影響してできあがるのは確かよ。でも、変えられないわけじゃない。「これじゃダメだ」と思った瞬間から、少しずつ変えていくことは可能よ。今回はその方法についてお伝えしたいと思うの。

まず、「自分軸」と「他人軸」について、改めておさらいしましょう。自分軸は、「自分で納得できるように行動する」こと。そして、他人軸は、「納得していないけれど、周囲や周囲からの評判が気になるから行動する」こと。たとえば、アナタが勉強しているとしましょう。このときに「自分のために、自分がやりたいから勉強する」のなら自分軸。「成績が落ちると恥ずかしいから勉強する」あるいは「勉強しないと親の機嫌が悪くなるから勉強する」というのは他人軸ね。

もちろん、自分軸と他人軸がきれいにスッパリと分けられるわけではない。たとえば「成績が落ちるのが嫌だから勉強する」という場合、「成績が落ちるとバカにされるから、嫌だけど勉強せざるを得ない」のなら他人軸。でも、「成績が落ちるのが悔しいから、自分のために勉強する」のなら自分軸となるわ。つまり、「自分がどれだけ納得しているか」ということ。

より自分軸で生きるためには、より自分の行動に納得することが大切なのよ。そこで、自分軸に変えるためにはこうしてみたらどうかしら。

①自分が今やろうとしていること、今やっていることを書き出す

ちょっとわかりやすい例を挙げてみましょう。たとえば、会社でも評価されてバリバリ働いているけれど、親や親戚がうるさくて家族の用事も頼まれがちな人の場合。

ア．仕事で新しいプロジェクトを立ち上げる
イ．週末に実家の掃除を手伝う
ウ．遊びにくる親戚の観光プランを考える

②それを自分が納得していること、納得していないこと、一部分納得していること

に分ける

納得していること→ア

納得していないこと→イ

一部納得していること→ウ

③完全に納得していることを優先して行う。一部納得していることは、より納得できる形に変えて実行する。納得していないことは後回しにする

まず、仕事が優先なのでプロジェクトの準備を第一に行う。お世話になっている親戚は、ぜひ遊びに連れて行きたいが、自分だけが案内するのもおかしいので、1日目だけ案内することにして、他の日は違う家族に頼む。実家の掃除はとても余裕がないので、後回し。

こんなふうに、どれだけ「自分が納得しているか」を一つ一つ考えてから行動する。納得できないことは、いきなり断らないにしても、とりあえず後回しにする。後回しにすると、間に合わなかったり、いつの間にか忘れていたり、気がついたら他の人がやっていたりでなんとかなるものよ。断るのが一番いいけど、できないのならまずは後回しにする。それをコツコツ続けていくと、少しずつ自分軸に変えていくこともできるわよ。

他人軸から自分軸に変えるためには、まず自分の行動を書き出すこと。そして「自分の納得いく形」に落とし込むこと。どうしても納得できないことは後回しにしましょう。

12

自分の気持ちに
気づくには、
まず「モヤモヤ」に
敏感になるの

いつも自分の気持ちに鈍感な私。「なぜこうしちゃったんだろう」と後悔することばかりです。一体どうすればいいですか？

自分の価値観を知るために一番大切なことは、「モヤモヤに敏感になること」よ。自分の価値観と相容《あいい》れないものに出合うと、人は「モヤモヤ」するの。これが後から「ああ、こういうノリが嫌なんだ」とか「この人のこういう部分が苦手なんだ」とかだんだん形になってくるのよ。もちろん、最初から「こういうのは苦手」ってわかる人もいるけれど、すぐ実感できない人もいるのよね。そして、その場では流されてしまう。後になって「悔しい」と思ったり、「悲しい」と思ったり、怒りがこみ上げてきたりするわけです。

なぜこういうことが起きるかというと、人間は感情の「言語化」が得意な人と苦手な人がいるのよ。感情の言語化が得意な人は、今考えていること、今感じていることがほぼ同時に文章になって心の中で流れている。でも苦手な人は、この文章は流れていない。周囲の状況に対応することでいっぱいいっぱいになっているの。たとえば誰かに話しかけられたら、どう答えようとか、どう行動しようとかその場のことを考えている。その結果、自分がどう思っているのか気がつかないままに周囲に流されてしまうのね。

そして、後になってから、「なんだか悔しい」「なんだか悲しかった」となって1人反省会が始まったりするの。本来その場で起きるはずの自分の感情が、遅れて再生されるのよ。こういうタイプの人が自分を知るために大切なことは「自分のモヤモヤ」に敏感になることなの。

実は自分の心をよく観察していて何か引っかかることがあると、その瞬間に「モヤッ」としたり「ざわっ」と感じたりするのよ。その場ではすぐにわからなくても、「あっ、もしかしてこれは何か自分にとってよくない状況なのかもしれない」と気づくことができるの。

それが起きたら、**できればその状況を避けるようにしたほうがいい**わ。**避けるのが無理なら保留するとかでもいい。**とりあえず、**その状況が進まないようにする**ことです。

たとえば「○○はアナタにお願いね」と気が強い知人に仕事を振られそうになった

とします。自分の感情の言語化が得意な人は、「えっ、これ私に嫌な仕事を押し付けようとしてない？　嫌だ」とすぐ心の中で言語化している。だから、「この間もそれ私がやったよね？　あれ結構大変なの。今回は違う人にやってほしいわ」などと言葉が出てくる。でも言語化が苦手な人は、よくわからないまま「あ、ああ。はい、わかりました」となんとなく反応しちゃう。

そして後になって「あれ、いつもこれ私に押し付けられてる」と気がついて、悲しくなったりするわけです。でも、自分のモヤモヤにアンテナを立てていると、理由はわからなくても、言われた瞬間に何となく「モヤッ」とするのよ。そうしたら「ちょっと確認して後で答えるね」とか言えるわけ。いったんそれができるようになると、次からは「ああ、この状況、押し付けられてるな」とすぐ気がつくようになるわ。

自分の気持ちに気づきにくい人は、まず「自分がモヤモヤしていないか」――アンテナを立てるようにしてみましょう。

13

他人との価値観の違いなんて問題ない。問題は話し合いができるかどうかでしょ

価値観の違いで離婚する、とよく聞きますが、価値観をすり合わせていくことは難しいのでしょうか？

「価値観の違い」って漠然とした言葉よね。この表現って、結局何がどう違ったのか、よくわからないじゃない？　だからまずちゃんと「価値観の違い」が何なのかちゃんと知ることが大切だと思うのよ。

それに、そもそも「価値観の違い」って、あってはいけないものかしら？　人間は皆違うわけだから、価値観も違う。それに自分の価値観でもいつも同じじゃなくて、常に変化していくでしょ。特に出会う人間によっても影響されるわよね。よくよく考えてみれば、自分の価値観がずっと同じで、しかも相手と価値観が同じであるほうがよっぽどあり得ないわ。

じゃあ「価値観の違い」でうまくいかなくなるのは一体どういうことなのか、考えてみましょう。実際には「価値観のすり合わせができない」状態が問題なのよ。つまり価値観の問題ではなくて、行動の問題なのよね。

たとえば金銭感覚の価値観。Aさんは、気が乗れば大金も使っちゃう性格。とても高いワインも、ブランド物の服も、心がときめいたら買っちゃうタイプ。一方Bさんは、どんなに素敵な物があっても、常識からかけ離れた値段だったら欲しいとは思わないタイプ。AさんとBさんは確かに価値観がまったく違います。だったら、この2人は「価値観の違いでうまくいかなくなるか」と考えたらそうでもないわよね。

たとえばAさんとBさんが付き合ったとしたら、「普段は贅沢なものは買わないけれど、記念日やお祝い事のときは贅沢な物を買う」「AさんとBさんの買い物は分けて、2人で共通で買う物はBさんの意見を中心にする」などといった「価値観のすり合わせ」をするはずよ。

一方、価値観の違いで別れる人たちはそれができない。Aさんが大金を使いまくっていて、Bさんが「それはやめようよ」と言っても「僕の勝手だろう」と言って、話を聞こうとしない。あるいは、Bさんが仕切っていて、Aさんが自分のお金でどうしても買いたい物を買おうとしても一切許さない。こういう状況が起きると、「価値観の違いでうまくいきません」ということになるの。

つまり、**話し合いができればそれでいい**のよね。それなのに、**「価値観の違い」なんて言うからわかりにくくなる**のよ。逆に言えば相手と価値観が違うのは大いに結構。むしろその違いを利用して、自分の世界観を広げることもできる。そんな関係性になったら、価値観の違いがむしろ相手への尊敬にすら変わるわけ。

そして、話し合いなんて、大して難しいことじゃない。するか、しないかなんだからね。価値観のすり合わせなんて言うと大変そうに聞こえるけど、難しくもなんともないのよ。

価値観の違いが問題じゃない。価値観は違って当たり前。話し合いができるかどうかがポイントです。

14

ルックスばかりに気がいくのは、頭がお暇な証拠

他人を気にしてしまうのは、自分のルックスに自信がないからだと思います。ルックスが素敵なら、周りから勝手に人が集まってきますよね。どうしたらいいですか？

アテクシは、自分のルックスばかりが気になってしまうのは、一つの「頭がお暇状態」だと思うのよね。「頭がお暇」というのは、アテクシの造語ですが、「今、目の前でやっていることから気持ちが離れて、関係のないことをとりとめもなく考えてしまう状態」のことよ。

たとえば今掃除をしているのに、掃除のことから気持ちが離れて、過去の失敗について思い出し、クヨクヨと考えている。または、勉強しているのに、勉強から気持ちが離れて「大学受験に失敗したらどうしよう」と考えている。こういった状態です。本来は掃除に一生懸命になって、「いかにきれいにするか」で奮闘していたら過去のことなんか思い出さないはず。勉強も、今勉強していることに夢中になっていたら、それだけで気持ちがいっぱいで、「落ちたらどうしよう」などと考えずに済むはずよ。

この「頭がお暇な状態」は、今やっていることに集中できていないことが原因なのよ。こうした人は、答えの出ないことについて考える。答えの出ることなら、答えが出たらもうそれ以上考える必要がないからよ。答えの出ないこと、それはつまり取り留めのないことよ。取り留めのないことを考えると、人は結局ネガティブなことを考え始めるの。たとえば過去の失敗。すでに起きたことは変えられないので、後悔しようと思ったらいつまでも後悔できる。起きてもいない未来の不安も同様ね。まだ起きていないのだから、いくらでも心配することができる。

頭がお暇になると、最後は答えの出ないネガティブなことに行きついて、そこで延々とクヨクヨすることになるわ。これは、完全に時間の無駄よ。対応策がないことについて時間を費やし、貴重な時間が不愉快さで埋め尽くされちゃう。

自分のルックスについて悲観的になるときも、そういった意味で「頭がお暇な状態」だと思うの。ルックスはある程度の改善はできるの。ダイエットや服装、髪形、美容整形などね。でも、その本質は「頭がお暇な状態」なのよ。そこに手を加えないと、エンドレスで不安になっていくわ。

だって、自分のやりたいことに邁進《まいしん》し、自分軸で楽しそうに生きている人のことを想像してみて。彼らはとっても魅力的だけど、「自分の見た目」だけに気を取られている人はいない。**自分の夢や目標で頭がいっぱいで「お暇」になっていない**からよ。**ルックスが素敵な人でなくても、そういう人には人が集まってくる**の。一方で、頭がお暇で、自分のルックスばかりに気を取られている人は、いくら本来の顔立ちがきれいでもいつまでも満足することなく、人も集まってこない。本質はルックスの問題ではないのよ。

こう考えると、自分のルックスばかり考えてしまうというのは、間違いなく「頭がお暇な状態」なの。ではその対策は何か。今自分がやっていることに集中すること。集中できなければ、環境を変えて気晴らしをしてみる。さらには、他人軸ではなく、自分軸——自分がやりたいことをやるといったことが対策になるのよ。

ルックスが問題ではなく、ルックスが気になることが問題。環境と行動を変える、自分軸を意識して対策をしましょう。

15

時には1人になって、脳をスッキリさせるのよ

最近人間関係に疲れて1人の時間を過ごすことが多いです。最初は寂しい気持ちもありましたが、落ち着くこともできます。なぜ1人になると心が落ち着くのでしょうか？

簡単に言うと、１人でいると刺激が少ないからね。人間の受け取る情報量ってとても多いのよ。視覚的にも、相手の目の動き、表情、仕草、立ち居振る舞いなど多くの情報を受け取っているわ。そして、当然会話をするわけなので、相手の声のトーン、間合い、大きさなどの情報も受け取っている。情報を処理するだけでも大変なのに、さらに相手の考えていること、感じていることも想像しながら対応しなければならない。あまり強くは意識したことがないかもしれないけれど、人と会うっていうのはとても脳を使う作業なのよ。「会ってなんとなく疲れる人」というのも、声が大きかったり、何を考えているのかわかりづらかったりと、「情報処理」の量が多い人だからなのよね。ましてや人間関係で気を使う相手だったり、人間関係そのものがこじれてくると、脳への負担というのは相当なものになるわ。だから１人になると落ち着くというのは、当たり前なのよ。

また、1人になるだけでなく「脳に入る情報量を減らす」という発想は、脳を休ませるためにも大切な考え方。脳には多くの情報が入ってきていて、それを無意識のうちに処理しているの。特に何かをしたわけでもないのに、疲れることがあるのはそのためね。たとえば、寝るときに目を閉じるのは、目から入ってくる情報を遮断して、より脳を休ませるためでもあるのよ。音で疲れる人は耳栓やイヤーマフなどを使ったりもするわよね。

この考え方を応用すると、たとえば仕事で忙しくて大変な時期でも、1時間に1回ぐらい目を閉じて1分ぐらいぼーっとするだけでも多少疲れは取れてくるはずよ。本当の意味での「休む」というのは、脳に入る情報量を減らすことなのよね。

そういう意味では、本当に疲れているときは「誰かと遊ぶ」「テーマパークに行く」「旅行に行く」などはおススメしないわ。誰かと遊ぶときには、連絡して、話し合って、場所と時間を決めて、それに従って行動する必要がある。脳への負担はかなりのものよ。テーマパークや旅行に行くのも、スケジュールを立てて刺激の多い場所に行くわけだから、疲れて当然よね。

ちなみに精神科の治療の一つに「入院」というのがあるけれど、基本は何もしません。隔離された環境で、ただぼーっと過ごしてもらう。情報量の少ない環境で過ごしてもらうということがメインの目的なのよね。それだけ情報量を減らすことは大切なのです。

また、スマホやテレビなども情報量が多いので、これを減らす、遮断するというのも、疲れているときにはいい方法ね。1人になるだけでなく、さまざまな情報をデトックスしてみてね。

人間は受け取る情報量が多い。疲れているときには、情報を減らして「デトックス」してみましょう。

16

自己承認欲求
モンスターに
ならないよう、ご用心

認められたいから、人に反応して顔色をうかがってしまう自分がいます。認められたい気持ちは持ち続けていいのでしょうか？

「自己承認欲求」というのは、当然あっていいものだけど、「自己承認欲求モンスター」はいただけないわね。何を指して「自己承認欲求モンスター」と言うのかだけど、アテクシは「自己承認欲求に振り回される人」のことだと思うわ。要は自己承認欲求をコントロールできていないのよね。

自己承認欲求を否定する必要はないけれど、それを目的にするとモンスターになっちゃうの。まずはそのメカニズムについてお話ししましょう。たとえば「有名になりたい」という自己承認欲求があったとするわ。そうすると、有名になるためには何でもしたいと思うようになるの。

何か変なことを始めてみたり、やっていたことがうまくいかなくなると、コロコロ違うことを始めてみたり。わざと変なしゃべり方や極端な主張をして目立とうとしたり、妙な格好をしてみたり、節操がなくなっていくのよね。つまり目標が「有名になりたい」という自己承認欲求なので、気を引きたいだけになってしまうのよ。

でも、本当に有名になっている人は、「気を引きたい人」ではないの。自分のやりたいことがあって、それを貫いて成果が出ている人よ。だから、自己承認欲求を最初から満たそうと思って動いているわけではない。むしろ真逆の生き方をしている人なの。

もちろん、そんな人でも自己承認欲求は多少なりともあるはずよ。そして、自分がやってきたことを認められたので、うれしくもあるはず。ただ、自分のやりたいことよりも自己承認欲求を優先することはない。それを始めたら、「有名になりたい」だけの自己承認欲求モンスターになってしまうからよ。

自己承認欲求モンスターになるとどうなるのか。多少うまくいくこともあるけれど、長続きはしないわ。気を引こうとしても、中身のないものは飽きられるからよ。するとさらに過激なことをし始める。そんなことを続けていくうちに、誰からも興味を持たれなくなってしまい、周囲から人が離れ、何もできなくなってしまうのよ。

だからこそ自己承認欲求はコントロールすべきよ。自己承認欲求よりも、自分のやりたいことを優先することが必要なの。自分がやりたいこと、納得していることを行うのは自分軸、そして、誰かから評価されたい、有名になりたいと思って動くのは他人軸。

つまり自己承認欲求モンスターにならないためには、まず自分が本当にやりたいことを考えてみる必要があるわ。もしうまくいかなくても、誰からも評価されなくても「これをやりたい」というものをやるの。それがすぐに思い当たるのなら、ぜひすぐにでも始めて。すでにやっているのならそのまま続けて。もしそれがなければ、まずはそれを探すことが大切よ。

自己承認欲求が悪いわけじゃないけれど、自分のやりたいことよりも優先させないこと。コントロールすることが大事です。

17

他人の評価なんてアテにならないどころか「でたらめ」と言ってもいいぐらいね

子どもが、友達に「あまりサッカーうまくないね」と言われたと凹《へこ》んでいました。彼なりに人に認められたい、自己肯定感を持ちたいのだろうな、と思いました。どのように励ませばよいのでしょうか？

まず、理解しておくべきことって2つあるのよね。1つは「他人軸より自分軸」。他人に評価されたいと思うことより、自分が納得してやりたいことを優先する。すると、結果的に他人の評価もついてくる。他人の評価だけを優先すると、常に他人の顔色をうかがうことになり、また自分が嫌なこともやるようになり、結果として楽しくない生き方になってしまう。これは今までに何度も出てきた話よね。

で、実はもう1つ理解しておくべきことがあるのよ。それは「他人の評価なんてアテにならない」ということ。まず、環境や価値観が変われば、他人の評価は変わります。お子さんの例で言うならば、たとえば小学校中学年までは「スポーツのできる子＝デキる」なんて評価だったりする。かけっこが速いだけで尊敬されたりね。それが小学校高学年ぐらいから徐々に「成績のいいやつ＝デキる」という評価に変わってくる。だんだん「受験」という大イベントに向けて意識するようになるからよ。そして、中学校ぐらいから思春期に入り、「モテる」ということも「デキる」評価につながってくる。小学生ぐらいのときは、異性と仲良くしてるとからかわれたりしてたのにね。

これは大人になってからも続くことなの。大人になると、会社員ならば役職や収入が「デキる」やつの基準になる。学者なら論文の数やクオリティになるでしょう。YouTuberなら登録者数や再生回数よね。一方、学者が収入で評価されることはあまりないし、会社員がフォロワーの数を競うことはあまりない（例外はあるかもしれないけれど）。

場合によっては、他人の評価や世間の評価が、天地がひっくり返るぐらいにガラリと変わることもあるわ。極端な話だと、たとえばゴッホ。あんなに高額な、評価の高い絵を描く人間も、生前は絵が売れず貧困生活だった。誰もが知るようなヒット曲を持つ歌手も、10年もしたらヒット曲を出せず忘れ去られる人もいる。

つまり、**他人の評価というのは大変気まぐれで、アテにならない。アテにならない**

こともあるというレベルではなく、一切アテにならない。風向きぐらいに気まぐれなのよ。

アテクシが子どものころ、体はめっぽう大きいのに運動神経が壊滅的で、よく友人にからかわれていました。その後もそれぞれの時代でコンプレックスはあった。でも今は自分らしい環境をつくって自分らしく生きられていると思うの。もし、子どものころに、他人の評価がいかにアテにならないか、自分らしく生きることは可能だし、それが一番であることを知っていたら、もっとラクになったと思うのよね。

ですからお子さんに、ぜひ自分軸で生きることの大切さ、他人の評価のでたらめさを伝えてあげてください。きっと、笑顔になると思うわ。

自分軸が大切だし、他人の評価は本当にアテにならない。それを知るだけでだいぶラクになります。

第3章

他人に反応せず生きていく方法

18

他人からの評価も、自分が楽しい範囲で活用していいのよ

オシャレしたり頑張ろうと思うのも他人に認められたいと思うからです。他人の視線は苦しいと思う半面、喜びのような気もします。反発するのではなくそのまま受け入れれば、反応していないことになるのではないでしょうか？

別に他人からの評価を否定しているわけじゃないのよ。他人からの評価を取り入れてもいい。ただ、それを最優先にするとおかしなことになりますよ、というお話なのよ。

ここで、改めて自分軸と他人軸について考えてみましょう。定義については第1章に出てきたから割愛《かつあい》するとして、再確認しておきたいことがあるわ。それは「自分軸」というのは自分が納得して決断、行動すること。つまり、**最終的に自分が納得していれば自分軸**なの。すると、**他人からの評価も、自分が納得して受け入れていれば自分軸**というわけなのよ。

一方で他人軸の生き方は、自分の納得を考慮していない。つまり、他人からの評価を気にするかどうかが問題なのではなく、「自分が納得していないこと」が問題なのよ。他人からの評価を最優先で行動するとどうなるかというと、自分がやりたくないことをやり始める。どうしたら「ウケがいいか」だけを考えて行動するようになる。だからうまくいかないし、自分のことも置いてきぼりになるから辛くなるのよ。

では、他人からの評価をうまく生かす方法について考えてみましょう。たとえば「他人からの反応」を自分の行動評価にする。自分のやりたいことが、どういう反応があるかの指標にする。よい反応があれば、自分への報酬になるし、悪い反応があれば、試行錯誤すればいい。

最近アテクシはYouTubeにも力を入れているけれど、これがいい例よ。YouTubeって、動画分析のデータがとても充実しているの。つまり、どの動画のどういう部分が反応がよかったのか、悪かったのかがよくわかるわけ。反応がよければやりがいにもなるし、これでいいんだと思える。反応が悪ければ、どこが悪かったのかいろいろ改善してみる。YouTuberとしては、視聴者からの反応という要素はとても大切なのよ。これがあるから面白いし、やりがいにもつながる。

でも、視聴者からの反応だけにこだわり始めると、厄介なことになる。どんどん過激になってエスカレートするし、どんなに過激にやってもやがては飽きられてしまう。するとさらに過激になる。ついにやっちゃいけないことをやってしまう。あるいは、飽きられ呆《あき》れられて、誰も見なくなる。

これは「自分は元々何を発信したくてやり始めたのか」という観点が抜け落ちてしまっているからなのよ。つまり途中から視聴者の反応を求めて、自分が納得していないことをやり始めている。だからこうなってしまうのよね。

こうならないためには、「自分が納得している」ことを最優先にする必要がある。他人からのウケは狙ってもいいけれど、自分が楽しい範囲にコントロールする必要がある。あくまで自分軸のオマケなのよ。

他人からの評価を気にしてもOK。でも、自分軸でいることは忘れないでください。

19

口癖の「ごめんね」は「ありがとう」にポジティブ変換よ

ついつい「ごめんなさい」「すみません」と自分から頭を下げてしまいます。弁舌爽《さわ》やかに「ありがとう」と他人に言える人になりたいです。

答えは簡単よ。まず、「ごめんなさい」や「すみません」を言わないようにする。もし、言ってしまったら、後で「ありがとう」と言うようにする。言わないようにしようと思っても、癖ってなかなか抜けないものよね。だから、言ってしまったら「ありがとう」も言うようにする。そうすると、「ありがとう」って付け加えるときに「あ、また謝っちゃった。言わないようにしなきゃ」って思うようになるのよ。そのうちに、最初から言わないようにできるわ。また、最初に謝っても、最後に「ありがとう」と付け加えることによって、爽やかな印象も与えられるのよ。

たとえば、相手から折り返し電話をもらったときに、

「すみません、かけてさせてしまって」

と答えるよりも、

「すみません、かけさせてしまって。お気遣いありがとうございます」

と付け加えるとだいぶ印象が違うわよね。

また「言い換え」のトレーニングも大切ね。すぐに謝っちゃうのは、癖になっていてそのほうが手っ取り早いからでもあるの。「もし自分が悪かったらどうしよう」「相手に嫌われたらどうしよう」って不安になりやすい人は謝り癖が付きやすい。自分がさっさと謝れば、「もし自分が悪かったら……」と考えなくてもいいものね。そして謝っている以上は、相手から敵意は向けられにくい。でも、それが癖になってしまうと、きちんと状況を考えなくなってしまう。言い方は悪いけれど、「とりあえず謝ればいいや」みたいになってしまう。言葉に気持ちがこもらないから、相手の心象も悪くなるし、卑屈な印象を与えてしまう。

一番よくないパターンは、自分から何かをお願いするときに、「ごめんね」と冒頭に付け加える口癖ね。本当に悪いと思ったらお願いしないわよね。こういう場面で「ごめんね」と言うと、エゴイスティックな印象すら与えてしまうものよ。

では、言い換えのトレーニングだけど、慣れないうちは書き出してみるのが一番いいわね。たとえば、こんなふうにしてみて。

①最近ついつい謝ってしまったときを思い出して、その状況を書き出してみる

恋愛で悩んでいて、友人を喫茶店に呼び出した。冒頭で「ごめんなさい」と言ってしまった。

②謝らない言い方を考えてみる

「呼び出してごめんね」→「急な呼び出しに、付き合ってくれてありがとう」

こんな感じに、さまざまな状況を振り返って言い換えてみると、今度はその場でも言えるようになってくるわ。

謝罪の言葉というのは、本当に申し訳ないと思ったときに使うもの。口癖になっちゃうと、言葉の重みがなくなっちゃう。ここぞというときに使いましょう。

慣れないうちは後から「ありがとう」でもOK。普段から「ごめん」→「ありがとう」への変換練習をしておきましょう。

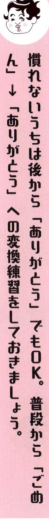

20

SNSは
楽しむためのもの。
モヤモヤするぐらいなら、
カットしちゃいなさい

インスタグラムなどで華やかな写真があふれている他人の投稿を見ると落ち込んでしまいます。どうすれば、ＳＮＳとうまく付き合えますか？

物事の基本は、「嫌な気分になったらやらない」ということです。ＳＮＳも例外じゃないわ。本来は情報収集かつエンタメなのですから、落ち込むぐらいならやらなければいいのよ。

それでもどうしてもＳＮＳをやりたいのなら、やるＳＮＳや覗《のぞ》く範囲を決めるといいわ。インスタは写真投稿が多いし、「キラキラしたもの」を見せることが多い。たとえば素敵なお店でごはんを食べたり、素敵なホテルに宿泊したり、話題の場所に行ったりしたときの投稿ね。すると、それらに「いいね」を付けたくなるような層が集まってくる。逆に言うと、それらを「うらやましい」と感じる人たちのグループに入るわけよ。インスタを覗くと、そういう価値観に影響されるから、もし自分がモヤモヤするようならばやめたほうがいいわけね。

Ｘは文字情報がメインで、「役に立つノウハウ」や「今起きていること」「みんなの感想」などがあふれていて、昔の2チャンネルのような雰囲気がある。キラキラした写真はあまりないけれど、油断すると炎上しそうな雰囲気があるわよね。そういうものにモヤモヤするようならばやめたほうがいい。

そしてFacebookはリアルな友人関係の、今の状況の投稿が多い。「今○○に留学してます」とか、「会社立ち上げました」とか「結婚しました」とか。大体ちょっといいことが書いてある。つまりリアルな知人の成功を見る場所でもある。そういうものを見ると自分と比較してモヤモヤするなら見ないほうがいい。

また各SNSは、自分の見たいものだけを自分のホームに表示させる機能があるわ。これを使えば、自分の見たいものだけを見ることができる。自分がモヤモヤしそうなものは見ないように活用することも可能よ。

そして、知っておくべきこととしては、「SNSにある情報は本物の情報ではない」ということ。背景に真実があったとしても、それをそのまま見せるわけじゃない。載せた本人が見せたいように見せているはずなのよ。だから、他人がちょっと気になるように書いてある。うらやましがるように書いてある。

そして、**本当に充実している人は、あまりSNSに載せない**ことも覚えておいたほうがいいわね。だってリアルの生活が忙しいから、**「他人にどう見せるか」なんてどうでもよくなる**のよ。もちろん、芸能人など、お仕事の一環として載せている人は別だけどね。

まあ、まずは「自分の目にする情報は自分が管理する」——この意識を強く持って、目にするものをちゃんとコントロールしましょうね。

SNSは用途ごとに使い分けて。ぶっちゃけ見なくてもいいんですから。

21

挨拶を返さない人はオウンゴールしているの

職場などで「おはようございます」と挨拶をしても無視する人がいます。すごくイライラします。自分の気持ちをどのようにコントロールすればよいか教えてください。

まず、挨拶しても返さない人については、こう考えましょう。「うわあ、この人オウンゴールしてる」って。だって、挨拶を返さないということは、「私は挨拶もできない人間です」と自ら周りに宣誓しているようなものだから（ここで言う「挨拶できない人」というのは、何も事情がないのに挨拶ができない人のことよ）。つまり、そのことによって損をしているのは本人なの。だから、サッカーで自分のチームにゴールを決めてしまっているようなものなのよ。好んで自分のマイナスになるようなことをしているわけだから、そんな人のことは放っておけばいいの。

そして、こんな人に遭遇したときに「やってはいけないこと」があるわ。それは「同じ土俵にあがること」。たとえば相手が挨拶しないからといって、こちらも挨拶しない。気持ちはわかるけど、それをやるとその場の空気が息苦しくなるわ。２人が対立していることを周囲に示してしまう。そして、事情を知らない他人は、「どっちもどっち」と判断する。これは大変に悔しいことだし、アナタの評判も下がってしまうわ。人として、誰かに会ったら挨拶する。これは基本なのよ。相手がやらないからといって、アナタもやらないという選択肢はない。

逆にアナタが（挨拶を返さない相手に）挨拶を続けたらどうなるかしら？　周囲から見ると、「挨拶を返さないこの人って何なの？」と相手のことを判断するはず。何も言わなかったとしても、確実にそう思っているわ。

アナタがはっきりと挨拶することで、相手の行動が際立つのよ。そうすると、そのうち相手も挨拶を返してくる可能性すらあるわ。周囲からの「コイツ、挨拶しないのかよ」という圧力を感じるから。もし返してこなかったとしても、アナタにデメリットはない。「こんなやつにもちゃんと挨拶する人なんだな〜」とプラスに思われるはずよ。だから、相手が挨拶しないのなら、むしろはっきりと爽やかに挨拶したほうがいいのよ。それによって相手の評判は下がり、自分の評判は上がる。イライラするどころか、むしろスッキリしてもいいぐらいね。

それにいい影響というのは確実に広がるわ。アナタが挨拶を続けていれば、周りもよく挨拶をするようになる。アナタが「ムードメーカー」と呼ばれる日すら来るかもしれないわよ。

挨拶は「しない人」が損をする。むしろ挨拶をしない相手にも、ちゃんと挨拶してゴールを決めましょう。

22

髪形や服装だけじゃ、自己肯定感は得られません

自分の見た目を変えるとやはり自信が持てるものでしょうか？

いや、そんなことはないわよ。その前に「自信」という言葉の定義から考えてみるわね。「自信」という言葉は、いろんな意味があるから、まずそれをはっきりさせておきましょう。自信が持てなくて辛いという人は多分、自信満々で「私、すごいだろう」とどこでもアピールしちゃうような人を目指したいわけじゃないと思うのよね。「どうせ自分なんかダメだ」と自分を肯定できない状態から抜け出したいのだと思うの。そうすると、ここで言う「自信」とは「自己肯定感」のことだと思うのよ。

実は「自己肯定感」というのは見た目だけでは変わらないの。なぜなら、本来の自信というのは「自分のあるがままを認める」ということだからです。自分のあるがままを受け入れられない人にとっては、自分の見た目を多少変えたところでやはり受け入れられない。せいぜいちょっと気分が変わる程度よ。

よくテレビや動画サイトなどで、「服装や髪形を変えたら自信が持てた！」などという番組を見ることがあるかもしれないわね。確かに、人間は服装や髪形で見違えるようになることもある。そして、自信もつくでしょう。

でもそれは最初のうちだけよ。いつの間にか見た目を変えた「自分」も当たり前になり、また自分の欠点が気になり始める。そして、「やはり自分はダメだ」と思うようになるの。つまり**変えるべきなのは見た目ではなくて、自分との向き合い方**なのよ。

では、どうしたら自己肯定感を得られるのか。つまり自分を否定せずにいられるのかというと、答えは「自分軸」にあるの。**自己肯定感のある人は、自己肯定感について悩んだことも、考えたこともない**人なのよ。「自分が他人からどう思われるか」という発想は出てこない。こういう人は、「今自分がどう考えているのか」「今自分は何をしたいのか」という考えが頭の中にあるだけなんです。

ではどうしたら、他人からどう思われるかばかり考えてしまう「他人軸」から、自分が納得していることを行動する「自分軸」に切り替えられるのか。これは実は簡単ではないわ。でも、少しでもいいので自分の行動を「ちゃんと自分は納得しているのか」と考えてから進めるようにしてみてください。少しずつ「自分軸」が実践できるようになるはずよ。

自信が持てたように思えたとしても、最初のうちだけよ。本質的には自分との向き合い方を変えなきゃ変わらない。まずは「自分軸」を意識してみましょう。

23

転職は、「今の会社がきちんと評価してくれるかどうか」じゃなくて「転職することにアナタが納得できるかどうか」なのよ

自分を評価してくれない会社にいるよりも、転職したほうがよいですか？

自分が納得できたのなら転職すればいいし、納得できないのなら転職してはいけないわね。要は「自分軸で生きなさい」ってことよ。自分軸の本質は「自分が納得した行動を取る」ということ。他人の意見を参照してもいいけれど、それが納得できるかどうか判断するのはあくまで自分。

自分軸になると、もしうまくいかなくても後悔はしない。だって自分で納得して決めたことだから。でもそう言うと、こういう反論が出てくるかもしれないわね。

「自分が納得して決めたけど、後悔することっていくらでもあるじゃないですか？」

それはねえ、**「自分が納得する」程度が軽いから起きる**ことなのよ。この「納得」というのは、「なんとなくこっちがいいや」というレベルの話ではないの。**選んだ場合と、選ばなかった場合を真剣に考えて比較することが大事**なの。この場合なら、「転職しなければ絶対後悔する」と思えたときに転職しなさいってことよ。つまり「後悔のない選択肢を選びなさい」というわけだから、後悔しないのよ。

言い方を変えると「自分軸」とは、「後悔しない選択肢を選ぶこと」とも言えるわね。そこには「自分で選んだ責任」が伴うの。ここをなんとなくふわふわっと「嫌だからやーめた」という感じで選んでいくと後悔するし、「あのとき友達が変なアドバイスをしたからだ」と他人のせいにもしてしまう。

「自分軸」が自己中心と違うのは大きくこの点よね。自己中の人は、自分で責任を取る気がない。だからうまくいかなかったときに、他人のせいにする。でも「自分軸」の人は、自分が責任を持って発言や行動をするから、他人のせいなんかにしない。そしてうまくいかなくても後悔せず、受け止めた上で次の行動を考える。

これは厳しいことのように思えるけれど、実際やってみると案外できるものなのよ。そしてできたときに「こっちのほうがラクじゃん」と思える。そうなったらシメたもので、次からも自分軸で判断できるようになるわ。

では、自分軸で判断する方法についてお伝えしましょう。

①悩んでいることを「行った場合」「行わなかった場合」にわけ、それぞれのメリット・デメリットについて書く

人間って頭の中で考えていると、案外整理できないものよ。ちゃんと2パターンにわけて、メリット・デメリットを思いつく限り書き出してみて。

②書き出したリストを眺め、「行った場合」「行わなかった場合」どちらが後悔しないか考えてみる

③後悔しない選択肢を選ぶ

もしここで、どちらが後悔しないかわからなかった場合、まだ自分ではわかっていないのよ。その場合は、あやふやなまま行動すると後悔するから、まだ行動してはいけないということ。日を改めて考えるのも手だわ。

この思考法に慣れてくると、決断するタイミングもだんだんわかるようになってくるわ。そして、実は会社がアナタのことを評価しているかどうかは関係ない。アナタが今の会社にいることに納得できるかどうかだけが問題なのよ。

自分で納得して選ぶ。後悔しないように選ぶ。それが答えです。しっかり自分で考えてみましょう。

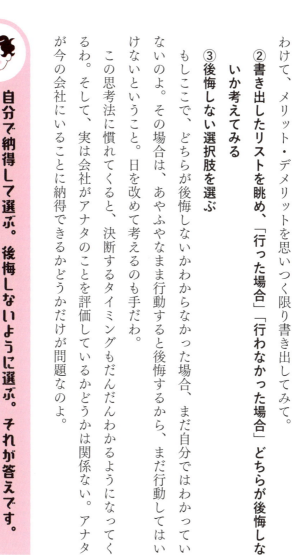

24

自分らしく生きれば、むしろいい友達ができるわ

他人を気にせず自分らしく生きることに憧れますが、友達もできなくなるのではないかと心配です。自分を押し通しても友達はできますか？

もちろん、自分らしく生きても友達はできるわよ。というより、自分らしくいられたほうが本当の友達はできやすいのよ。ただ、「自分を出す」＝「自分らしく生きる」ではないので、そこのところはお間違えなく。

では何が違うかというと、ただ「自分を出す」だと、相手への配慮がない感じに聞こえるから。**「自分らしく生きる」というのは、あくまで「自分軸」なのであって、「自己中」ではない**のよ。よくこれを混同する人がいるので、詳しく解説していきましょう。

まず「自分軸」から。すでに何度も登場しているので、軽く説明すると「自分が納得したように生きること」です。**自分軸の生き方のコツは、自分の方針は自分で決める**ということ。言い方を変えると、「責任は自分で取る」とも言えるわね。自分で納得して決めるのだから、他人のせいにはしない生き方よ。一見息苦しいようにも見えるけれど、この生き方だと後悔はしない。そして、自分が地に足をつけて生きているのだという実感も湧いてきて、自己肯定感も上がるんです。

一方「自己中」の人は「自分が納得して生きる」という認識は特にないわ。単に自分のことだけを考えて行動する人よ。納得ではなく、自分の利益だけを考えて生きる人だから、何か問題が起きたときは自分で責任を取らない。自分を責めたくないので、誰かのせい、何かのせいにするわ。後悔はしないけど、言い訳をしたり誰かを攻撃したりする。この生き方だと、自分が地に足をつけて生きているという実感が得られないので、自分勝手なわりには自己肯定感は得られていないのよ。だから「自己中」の人は、「自己中」に行動しているわりには、いつも不満そうに見える。つまり、ある意味「自分軸」とは正反対な生き方なの。

そういう意味では「自己中」の人も「他人軸」の一部ね。彼らは、他人の評判を気にしていないように見えるけど、実は気にしているの。自分が一番だから、評判も落としたくはないの。

なぜこういう違いが出てくるのかと言うと、**「自分軸」の人は、いかに「自分軸」**

が大切かがよくわかっているの。だから他人の「自分軸」も大切にするのよ。自分も自分が納得するように生きるし、他人も他人が納得するように生きるべきだと考えている。だから、他人のことを無視して、自分の利益だけで動くことはないのよ。ですから、友達はちゃんとできるわ。むしろ素晴らしい友達ができやすいのよ。

「自分らしく生きる」ことは大切だけど、「自己中」とはき違えないことです。

第4章

自分で自分を「なんとかする」

25

考え方の歪みは
自分でも治せるわ。
「認知行動療法」のスキルを
自分に生かしてみるの

「気にし過ぎ」と周りから言われるのですが、自分が嫌われているのではないかと思ってしまいます。ラクになる方法があれば教えてほしいです。

人間って、考え方や行動パターンの癖のようなものがあるのよ。そしてその癖が極端になっていくと「歪《ゆが》み」となって自分を苦しめるようになる。たとえば視線に敏感な人は、相手の視線に深い意味付けをしてしまう。たとえば電車で向かいに座った人とたまたま目が合ったら、「自分の格好がおかしいのかな」「実は知っている人なのに無視してしまったのかな」と考える人がいる。

向き合っているから、偶然目が合っただけの可能性が高いのだけど、視線に敏感な人はそうは考えない。自分に非があるのではと考えてモヤモヤしてしまうのね。これがエスカレートすると、他人が怖くなる「対人恐怖」や、自分が醜いに違いないと確信してしまう「醜形恐怖」などに発展することもある。これは、「他人の視線」の解釈が歪むことから起きているのよね。

これらを修正するのに、カウンセリングを用いることがあるわ。カウンセリングにはいろんな方法があるのだけど、もっとも一般的なのが「認知行動療法」。これは、いつのまにか歪んでしまっている認知（ものの見方）に焦点を当て、より望ましい行動へ導くものなのよ。

本来、この認知行動療法は、専門家である臨床心理士の先生と何度もセッションを行って、少しずつ進めていくもの。でも、その考え方やコンセプトは自分自身でも用いることができるわ。そのもっともわかりやすい方法が「書き出す」というもの。書き出すことで物事を客観化して、何をどう変えていくべきかがわかりやすくなるのよ。

では何を書き出すのかというと、それが「自動思考」ね。自分の頭の中に浮かんでいる、自分を苦しめている考え方を書き出す。たとえば、他人の視線が気になっている先程の例だと「自分の姿がみっともないに違いない」というのが自動思考ね。それが原因で、モヤモヤと辛い気分になっている。そしてそれをいったん書き出すことで、「違う可能性はないのかな？」と見直すことができるわ。

または安心して相談できる人がいるのなら、その考え方を見てもらうことも有効よね。「いや、そんなことはないよ。君の格好はむしろ清潔感があっていいと思うよ」「向かいに座ったんだから、偶然目が合うことなんていくらでもあるよ」――そんなことを誰かから言ってもらうだけでもだいぶ気持ちはラクになるものよ。

何かモヤモヤしたら、まずは書き出してみる。そこから糸口がつかめます。

26

他人の顔色をうかがってしまうのは、アナタが自分の気持ちを知らないから

どうしても、相手の顔色を見て動いちゃうんです。何かいい方法はないでしょうか？

今まで相手の顔色を見て動いていた人が、「それはよくないわ。さあ、自分らしく『自分軸』で」と言われてもうまくできないのはわかるの。だから、ここではどうしたらいいのかについて考えてみましょう。

ではまず、相手の顔色をうかがってしまう人は、なぜうかがってしまうのか？　それには大きく２つの理由が考えられるわ。

まず１つ目は、「他人に嫌われたくない」から。おそらく顔色をうかがってしまう人の理由のほとんどが、これではないかしら？　自分のことを考える前に、自分が嫌われないことを優先してしまう。その結果、顔色をうかがってしまうというわけ。

そして、２つ目の理由が「自分のやりたいことが特にない、わからない」から。自分のやりたいことが特にない場合は、自分の中心にそもそも軸がない。すると自然と周囲ばかりを気にするようになるわ。結果として他人の顔色をうかがってしまうというわけよ。

この1つ目の理由と2つ目の理由は、どちらか片方というわけではなく、リンクしているわ。他人に嫌われたくないという気持ちが強いと、自分のやりたいことがよくわからなくなるから。また、自分のやりたいことが特になければ、当然他人に嫌われたくないという気持ちが強くなっていくのよ。

これらの理由から考えると、**他人の顔色をうかがわないためには、「他人に嫌われてもいい」と思う**こと。そして、**「自分のやりたいこと」を見つけること**よ。ただここで勘違いしてほしくないのは、「他人に嫌われてもいい」というのは、「他人に嫌われなさい」という意味ではないの。わざわざ他人に嫌われてもいいことはないわ。必要のない敵をつくるべきではないでしょ。

これは優先順位の問題なのよ。自分のやりたいことがあるときに、みんなに嫌われないようにする必要はないということ。みんなに嫌われないようにすると、結局何もできないからね。必ずアナタのやりたいことを毛嫌いする人がいるからよ。

これらをまとめると、「自分のやりたいことがあるときに、嫌われてもいいと思う」――これが他人の顔色をうかがわない方法なのよ。すると、本質的には「自分のやりたいことを見つける」のが大切なの。

これはどうしたら見つかるのか。まず普段から自分の意見について考えることが大切です。日常的な、ささいなことでいいのよ。たとえば友達と出かけたときに、友達が「お昼、何にする？」と聞いたとき、他人の顔色をうかがう人はまず相手に合わせようとします。そんなことを続けていたら、自分が何を食べたいのかすらわからなくなってくる。選択肢が出てきたら、自分の意見は何なのか、最初に考えるようにしてみて。

それを繰り返しているうちに、「自分の気持ち」を考える習慣ができてくるわ。そして何かの拍子に、「あ、自分のやりたいことはこれだな」とわかるようになる。まずは、自分の気持ちを理解することが先決なのよ。

他人の顔色をうかがわないためには、まずは自分のやりたいことを知ること。日常的に「自分の意見」を確認する癖をつけましょう。

27

他人に反応してしまう人は、自分が尊敬する人など反応すべき人の側にいるようにしてみて

嫌な人のことが気になって仕方ありません。その人がいい加減な仕事をしていたり、どうでもいいことで他人の悪口を言っていたりするのを見ると、どうしてもイライラします。嫌な人の言動を気にしないために、何かよい方法はないでしょうか？

そうね、身近にどうしても心が受け付けない人がいると気になってしまうわよね。いろんな方法があるけれど、ここでは「好きな人のことを考える」という方法を提案してみようかしら。

人間って「忘れる」という作業は難しいのよね。なぜかと言うと「忘れよう」と思った時点で意識してしまっているから。忘れようとするほど、逆にどんどん思い出して記憶に張り付いてしまうのよね。だから、忘れられないのよ。

では、どうしたらいいのか。アナタが何かを忘れているときのことを思い出してみましょうか？　忘れているときって、いつの間にか記憶から抜け落ちているときよね。それは多分他のことを考えているからよ。たとえば、やらなきゃならないことを忘れているときって、他のやらなきゃならないことで頭がいっぱいのときでしょ。つまり、人は忘れるとき、他のことを考えている。他のことを考えているから、頭の中から追い出されて「忘れて」しまうのよ。

これを逆に利用する。嫌な人間の言動がどうしても気になってしまうのなら、好きな人のことを考えればいいのよ。実際、人間は恋をすると機嫌がよくなることが多いでしょ。それは好きな人のことばかり考えているから、ささいなことや、嫌なことを頭から追い出せているのよ。もちろん、相手とうまくいっていないときは、逆にそれが頭から離れなくて嫌な気分になり続けるわけだけど。

別に恋をしなくてもいいわけよ。嫌いな人間もいるかもしれないけれど、好きな人もいるでしょ。仲のいい同僚、尊敬できる上司、かわいい後輩。なるべくそういう人の側にいれば、嫌な人の言動を気にしなくて済む。人間は他人の影響を受けるから、好きな人の側にいれば、いい影響も受けるわ。

そもそも**嫌いな人間っていうのは、アナタにとって価値のない人間**よ。本来、自由な環境であれば、嫌いな人間とは接点を持つ理由がないか、関わらずに済むはず。でも人間は社会生活を営《いとな》んでいるから、嫌いな人間が側にいる環境もつくられてしまう。ただそれだけのことなのよね。

本当にアナタに必要な助言というのは、好きな人間から得られるものよ。好きな人間、アナタが信頼している人間は、アナタにも好意を抱いている。もし、アナタに何か問題があるのであれば、そういう好きな人間が、アナタのためを思って伝えてくれるはず。もちろん「アナタのためを思って」なんて恩着せがましいことはわざわざ言わないわ。言わなくてもわかる関係性なんだから。

このことを忘れてはいけないわ。その上で、好きな人間の側にいるようにしましょ。もし好きな人間がいなかったとしても、「嫌じゃない人間」の側にいるだけでもいい。マイナスにはならないからね。

嫌いな人の言動は無価値です。それを意識した上で、好きな人、嫌いじゃない人の側にいれば、嫌いな人のことは気にならなくなります。

28

相手があなたについて何か言ってきたとしても、それはあなたの問題ではなく「相手の問題」なのよ

私は最近、初めてプロジェクトリーダーを任されました。自分なりに頑張っていたつもりですが、先日あるメンバーから、「アナタは独善的すぎる」と言われてしまいました。それからどうしていいのかわからないし、悲しい気分になってしまい、なかなか仕事に取り組めません。

アテクシにも似たような経験があるわ。大学のときにクラスの議長をしていたのだけど、実習のためのチーム分けをすることになって……。最初は試しに自由につくってもらったんだけど、１チーム多くできてしまったの。

こうなると「最初から出席番号順につくる」か、「１チーム解散して、他のチームに合流する」しかないのよ。そこで、どちらがいいか聞いたところ、「１チーム解散するほうがいい」という意見に多数決で決まりました。そして、解散するチームを抽選で決めることに。ところがいざ解散するチームが決まると、そのチームのメンバー全員がアテクシに文句を言い始めたのよ。

「Ｔｏｍｙは独善的だ」「そもそもなぜこんな抽選をしなければいけないのか、やり方が悪かったのではないか」などとひどい言われようだったの。途中までどういうやり方で進めるべきかは毎回提示して、毎回多数決で決めていたにもかかわらずよ。アテクシは途方にくれてしまったの。結局別のチームが見るに見かねて解散してくれたので、何とかなったわ。

当時のアテクシは、「自分は独善的だったのかもしれない」「やり方が下手だった」などとその言葉を真に受けてだいぶ傷ついていたわ。しかしよくよく考えれば、解散する羽目になったチームのメンバーが、単に逆ギレしていただけよ。彼らも、自分たちが解散すると決まるまでは、そのやり方に同意していたんだから。

このときに学んだことは、**「他人が自分に何かを言ってきたときは、真に受けてはいけない」**ということ。誰かにネガティブな意見を言われたときは、たいてい何か理由があるのよ。**そのほとんどの理由は、相手の利益。**

たいていの場合、ネガティブな意見は、言っても仕方がないか相手と喧嘩になるから、言う理由がなければわざわざ言う必要はないはずよ。

でも、悪意があるとき、もしくはネガティブな意見を言うことで利益が得られるかもしれないときに言ってくるのよ。本当にアナタに直すべきところがあるのなら、それは仲間から、アナタが受け止められるように伝えてもらえるはずよ。

アナタがネガティブなことを言われたのも、本当はそのメンバーがリーダーをやりたかったのかもしれない。アナタの決めたことが、そのメンバーにとって不都合だったのかもしれない。単にアナタを困らせたり、やめさせたりしたいのかもしれない。

悲しい気分はわかるけど、相手の意見に惑《まど》わされず、きちんと状況を確認してみて。そして、やるべきことは進める。ノイズに惑わされると、さらに状況が悪化するの。

ネガティブな意見には裏があることが多い。言葉そのものを真に受けるのではなく、背景を確認して冷静に対応しましょう。

29

「気持ち」そのものを
なんとかしようと
しないの

どうしても他人のことが気になってしまいます。うまく気持ちを切り替える方法はありますか？

気持ちの切り替えが下手な人って、ある意味とても真面目なのよ。どういうことかというと、「なんとか気持ちを切り替えよう」とド直球で考えてしまう。つまり「気持ち」をなんとかしようとするの。

もちろん、気持ちを直接コントロールすることは可能よ。でもそんなに簡単じゃないの。

では、どうしたらいいのか。それは「周りから攻める」のよ。気持ちは確かに勝手に湧き上がってくるけれど、無関係に湧き上がってくるわけじゃない。アナタの環境や行動に伴って湧き上がってくるのよ。

たとえば、美味《おい》しい食事を食べたら「美味しい」って思うでしょ。さらに「楽しい」「うれしい」「満足」っていう気持ちも起きるでしょう。一方で、試験のときに「リラックスする」「うれしい」なんて思ったりはしないわよね。「緊張する」「不安になる」なんて気持ちになるはず。このように、気持ちというのはアナタの環境や行動に伴って湧き上がるの。すると、気持ちを切り替えたいのならば、「環境や行動を切り替えればいい」ということになるのね。

たとえば、アナタがオフィスで自分の仕事をしているとしましょう。来週に発表するプロジェクトのスライドをつくっている。そんなときに、後ろのデスクの同僚が、隣の同僚と何かこそこそ言っている。するとなんだか「気になる」わよね。

そんなときは、スライドをつくるのをいったん中断して、他にやらなきゃいけない企画書に取り掛かる。新しい企画を出そうとしたら、「何がいいかな？」なんて考え始めるはず。するといつの間にか後ろのこそこそ話のことは忘れている。

こんな感じで環境と行動を切り替えれば、上手に気持ちを切り替えられる。またいろいろ気になり出したら、再び環境と行動を変えればいいの。

気持ちを切り替えるには、気持ちだけでなんとかしようとしない。環境と行動を切り替えればいいんです。

第5章

自己肯定感はカンタンにつくれるわよ

30

自己肯定感、自分軸——まずは「自分の気持ちを知ること」から始まるわ

どうしても、他人が気になってしまいます。それは、自己肯定感が足りないせいにも感じられます。自分軸、自己肯定感、自分を好きになる。こういったことは一体どうやって育てていけばいいのでしょうか？

自分軸、自己肯定感、あるいは自分を好きになる――これらは全部つながっているわ。つまり、自分を好きになって、肯定して、そして自分が納得する自分軸で生きる。それができていれば、他人に煩《わずら》わされる必要はないのよ。では、どうしたらこれが達成できるのか。今までも触れてきたけれど、改めて説明していきましょう。

まず、これらの基本は「自分を知ること」にある。他人に振り回されやすい人というのは、外界の刺激に過剰反応しやすい。誰かの言動がそこにあれば、すぐにそっちに気をとられてしまうのよね。そして、さまざまな出来事が起きると、やはりそっちに気をとられてしまう。

これを改善するためには、まず「自分の気持ち」をちゃんと知ること、受け止めることが大切になってくるの。外界に過剰反応しやすい人って、自分の気持ちを考える前に周りに反応するから、自分の気持ちすらわからなくなってくるのよね。そんな人が、まず自分の気持ちを知るには、シンプルに「自分はこれが好きか嫌いか」を問うことが基本よ。

ステップ①選択肢が出てきたら「これは好きか嫌いか」まず判断する癖をつける

自己肯定感の低い人は、自分の好みすらよくわからなくなっているわ。たとえば、みんなでランチに行くときに「何が好き?」と聞かれても答えられない。わからない。「みんなに合わせる」「なんでもいいよ」と言っちゃうのよね。別にそれを押し付ける必要はないから、「自分は今何が食べたいんだろう」と考えて、答えを出す。この癖をつけることが大切よ。これができるようになってくると、何かの選択肢が目の前に出てきたときに「私は◯◯だな……」と心の中に浮かび上がってくるようになるわ。

ステップ②自分の意見を「表明」する

次に、自分の気持ちを表明する練習をしてみて。自分の気持ちがわかっても、それを言うと「嫌われるんじゃないか」と思って言えない人は、案外多いのよね。それだと自分の気持ちを受け止められないから、「私はこう思う」と表明する練習をしましょ。最初は、言いやすい人にだけ言ってもいいと思うわ。慣れてきたら、だんだん公の場でも言えるようにする。

ステップ③自分の意見を「提案」する

ここまでできたら、自分の意見を提案する練習ね。別に提案したからといって、みんなにそれを受け入れさせるわけじゃない。さっきのランチの例なら、「今私、焼き肉の気分だけど、みんなはどう？」なんて言ってみる。ここまでできたら、自分の気持ちをだいぶ受け入れられるようになっているはずよ。

さて、ここまで「自分の気持ちを受け入れる」方法について書いてきたけれど、実はここまで来たら、自己肯定感、自分軸まで達成できたようなもの。何か起きたときに、自分の気持ちを知り、表明や提案をする。これができていれば、後は「自分が納得したことを行動に移そう」と意識するだけでいいの。行動を意識すれば、「自分を肯定できない」などと考える「暇」はなくなるわ。つまり、自己肯定感について意識する必要がない。本当に自己肯定感の高い人は、自己肯定感について考えたこともない人なのよ。だから、これで自己肯定できるようになっているはず。

ただ、これらのステップは、少しずつしか変わらない。でもちゃんと反復すれば少しずつ変わっていけるから、ゆっくり実行してみて。

本当に自己肯定できている人は「自己肯定感」について考えたこともない人。まずは自分の気持ちを知り、それを元に行動すること。少しずつ始めましょう。

31

自分を過度に
おとしめない。
「思い込み」と「事実」を
切り分けるのよ

先日、久しぶりに会った友人とごはんを食べました。そのときは楽しかったのですが、後で彼女が言った「アナタはシャイだから、誘ってくれてびっくりした」という言葉が思い出されてきてモヤモヤしています。確かに彼女は社交的で友達も多く、明るくて素敵な人です。一方で、私は昔から友達も少なくて、わりと引きこもっています。これじゃいけないと思って勇気を出して彼女を誘ってみたのですが、やっぱり自分はダメなやつだと思われていたんだと感じ、凹んでいます。

ちょっと、ちょっと、ストップストップ。今のお話だと、アナタは物事を悪いほうにだいぶ拡大解釈しているわよ。おそらくこういった感じで、周りの出来事、他人の言動をネガティブなほうに捉えて悶々《もんもん》としているのではないかしら。これだと何が起きても自分を否定してしまうわよ。

自己肯定感の低い人は、アナタのように物事を全部否定的に捉えがちなのよね。心理学的に言うと「認知の歪み」が存在しているの。世の中は、同じ現象が起きても、どう解釈するかによって見え方がまったく違うのよ。多少の解釈の幅はあってもいいけれど、極端に解釈が偏ると、生きづらくなってしまうわ。そこで、認知行動療法的なアプローチをここではお伝えしようと思うの。認知行動療法とは、カウンセリングでもっともよく用いられる技法。認知の歪みを理解し、それを正しく修正し、行動を変える。これによって、より望ましい方向に変えていくという手法よ。本来はトレーニングを受けた専門家の下で、1回数十分のセッションを何度も受けて行うものね。だけど、そのコンセプトを応用すれば、自分自身でもそれに近い効果を得られるわよ。認知行動療法で大切なのは「認知の歪み」を認識すること。そのためには自分が今モヤモヤしていることを客観化すること。一番簡単な方法としては「書き出す」ことね。なるべく端的に、起きたことを書き出す。アナタの場合ならこうなるわ。

友人から「アナタはシャイだから」と言われた。

はい、起きたことはこれだけです。次に、アナタがそこからどう考え、感じたかを書き出す。これもなるべく端的にね。するとこうなる。

友人に自分がダメなやつだと思われている。

ここで、もう違和感に気がつくんじゃないかしら？　アナタは友人から「シャイだから」と言われただけで、自分を否定されたと思ったわけよね。でもそこ、ちょっと飛躍し過ぎでしょ。シャイって別に悪口じゃないもの。単純に、アナタの性格について言っただけなのよ。それに、本当にダメなやつと思っていたらお誘いにも付き合ってくれないでしょ。結局、アナタは自分がダメだと思っていて、周りの出来事をそれに合わせて解釈しているだけなの。こんなことをしていると、すべての出来事が自分を否定するように感じてしまう。

こういう人はまず起きた出来事を客観的に書き出して、実際に起きたことと、アナタの思い込みを分離させる必要があるのよ。それを繰り返していくと、アナタのモヤモヤは少しずつ解消されていくと思うわ。

思い込みの強い人は、起きた出来事を端的に「書き出す」練習をしてみる。自分の認知の歪みに気づきやすくなります。

32

他人と比較して落ち込んでしまう？いやいや比較すべきなのは他人じゃないわ

他人と比べて、自分には何の取り柄もありません。

他人と比較しちゃう気持ちはわかるわ。でも、そもそも他人は他人。生まれも違う、育ちも違う。環境も違うし、価値観も違う。自分とはまったく違う人間なのだから、比較する意味ってあまりないのよ。土俵がまったく違うものを比べたって意味がないでしょ。

それに、上には上がいる。自分より上を見たら、自分はいつも下にいることになる。他人と比較して「自分はダメだな」と思おうとしたら、無限にできてしまうのよ。じゃあ、自分より苦労している人を見て、「自分はまだ大丈夫だな」と思えばいいのかって話だけど、それも違う。マウンティングして、自分を安心させているわけだから、それもどうかと思うわよね。

つまり問題は、「他人と自分を比較して、自分の価値を測ろうとする」――その考え方なのよ。そこから抜け出さないと、ずっと劣等感に苦しむことになっちゃう。そして、他人と比較するのは紛れもなく「他人軸」でもあります。

ではどうすればいいのかというと、この「他人軸」を「自分軸」に切り替えればいい。具体的には、「自分」と比べる。比較しちゃう癖を直すのは簡単じゃないから、比較する対象を変えればいい。だから自分と比べる。過去の自分と比べるのよ。

過去の自分と比べると、自然と自分軸になります。**自分軸の最大のメリットは、他人と違って自分のことはコントロールできること。だから振り回されない**のよ。他人と比較すると落ち込むし、そわそわするし、自分のことをダメだなあと思ってしまう。でも過去の自分と比較すれば、落ち着いて物事に取り組むことができるでしょ。冷静に、自分の目指すこと、できるようになったことが評価できるようになるのよ。

たとえば、今のアナタは、同期と比較している。すると、「同期と比べて自分はダメだ」で終わっちゃうのよね。でも過去の自分と比べてみて。すると、こんなふうにならないかしら？

「確かに自分はミスが多いけれど、入社時に比べたら、たいていのことは1人でできるようになったよな。さらに自分のミスを減らせるようにできるといいな。今の自分は、締め切りに追われてミスが多くなっちゃうから、取り組むのをもっと早くすればいいのかもしれないな。そして、この作業ではいつもミスが起きるから、これが終わった後には一度課長にお願いしてアドバイスを受けてみようか」

ね、具体的な行動の変化につながってこないかしら？　なぜこうなるかというと、他人と比べてもどうにもならないけれど、過去の自分と比べると「具体的な対応策」が見えてくるのよ。具体的な対応策が見えてくると「行動」につながってくる。人間は行動していると、余計なことをあまり考えないわ。だから、不安や劣等感といったネガティブな考えが起きにくいの。

過去の自分と比較して、やるべきことを考え、行動を変えていく。この繰り返しをするとストレスも減るし、成果も出てくるのよ。気がついたら、自分が憧れの存在になっているかもしれないわね。

過去の自分と比べる癖をつけると、ストレスも減って、やるべきことが見えてきます。

33

夢や目標が
ただあるだけじゃダメ。
そこに至る道を、
ちゃんとつくっておくの

うちの会社では、営業成績がトップになると海外研修に行かせてもらえるシステムがあります。実はそれが夢なのですが、現実には営業の基本すらなかなか身につかず怒られてばかりの毎日です。自分軸で「自分がやりたいことをやる」のが、かえって苦痛です。どうしたらいいのでしょう。

自分軸で生きる。つまり、自分が納得できることを選択して行動する。これは、幸せに生きるための基本よ。アナタの場合も、もちろんそうなのよ。では、なぜ逆に苦しく感じるのかというと、夢や目標に至る道筋ができあがっていないからなの。

つまり、最終的にやりたいことは見えているけれど、そこまでの道筋をつくっていない。道がないから、ただの到達できない憧れになってしまっている。到達できないのであれば、それは他人と比較して落ち込む場合と同じ。どうしようもないところに目を向けて落ち込んでいるの。

ではどうしたらいいのかと言うと、道筋をつくること。アナタの夢ならば、営業の成績を上げることを目標にする。そのためには、まず営業の基本を覚え、それができるようになったら、次に成績を上げる方法を考えること。少しずつやることを積みかさねて、その先の夢や目標に至るようにすればいい。

「千里の道も一歩から」と言うけれど、まさにその通り。一歩一歩の先に目標があるのよ。もちろん、目標が大きければ、必ず達成できるわけじゃない。でも道筋をつくらなかったら、絶対に到達できない。この差はとても大きいのよ。

なぜかと言うと、人は自分の決めた目標に向かって歩んでいるときに充実感を感じるから。目標を達成することより、実は歩む過程のほうが大事なの。もし、アナタの夢がかなって海外研修に行けたとしても、きっとそこで夢は終わらないでしょ。多分次の目標が出てくるはずなのよ。それは歩んでいることのほうが大切だからなの。

ということは、今のアナタも、すべてがうまくいった場合のアナタも、やっていることは変わらない。充実感や幸せは、道があって目標に向かって歩んでいれば、その瞬間から得られるのよ。

アテクシも、「ベストセラー作家になりたい」というのが夢だったわ。まだベストセラー作家とまでは言えないかもしれないけれど、多くの本を著《あらわ》すことはできた。でも道筋も考えず、いきなり「ベストセラー作家になりたい」と思っても、それだけじゃ「無理だ」と思って落ち込むばかりよ。

だからアテクシは、まずブログを書いてみた。自分の文章が、どれぐらい他人が面白がってくれるかを見てみたかったの。そうすると面白いブログを書こう、ブログのデザインを変えてみよう、ブログランキングに登録してみようなどと、やってみたいことが次々と出てきたわ。

そして試行錯誤の挙句、成果が出てくると面白い、楽しい。そこから、じゃあどうしたら出版できるのかも考えて試行錯誤。出版の機会が得られたら、どんな面白い原稿にしようかで試行錯誤。一つ一つ目の前の目標を達成して、作家になったのよ。

だから、ちゃんと道筋を立てる。ピラミッドだって石を積み上げてできているわ。小さな目標を乗り越えて目指していけば、落ち込むことなんてなくなるわよ。

目標はそこにつながる道をつくることが大事です。そして小さな目標を一つ一つ達成していくのです。

34

自己肯定感を得るのに、自信はいらないのよ

もっと自分に自信を持って、自己肯定感を得て生きたいと思っています。しかし、自分に自信なんか持てません。自信を持つには、自分はすごいんだと暗示でもかけないとできないんじゃないかと思っています。とてもそんなことはできません。どうしたらいいのでしょう。

「自己肯定感」についてちょっと勘違いしているのかもしれないわね。実は自己肯定感のある人って、「自信満々の人」というのとは違うのよ。もしかしたら、正反対と言ってもいいかもしれないわね。

　というわけで、「自己肯定感」について改めて解説しましょう。「自己肯定感」という概念は有名だけど、実はちゃんとした定義って明らかではないのよね。もちろん医学的な用語でもないわ。とはいえ、ある程度の定義がないと話が進まないから、ここでは「ありのままの自分を肯定する感覚」としておきましょう。おおむねこの解釈で間違いはないと思います。

　そして、ここでのポイントは「ありのままの自分」というところ。自分のことを過大に評価せず、過小にも評価せず、自分は自分として受け止めるってことね。これは言い方を変えると「意識しない」ということでもあるわ。つまり、「ありのままの自分」は当たり前の前提なので、「ありのままの自分はどうなのか」なんていちいち考えたりしないのが、自己肯定感のある人なのよ。もっとわかりやすく言うと、「自己肯定感について考えたこともない人」が自己肯定感のある人なの。

そして「自信満々の人」について考えてみましょう。自信満々の人というのは、自分のことを過大評価しているわよね。その意味で「ありのままの自分」ではないわけ。だから、自己肯定感のある人とはある意味正反対なのよ。または、もしかすると自信がないから、他人に「自分はすごいんだ」というアピールをしてしまっているのかもしれないわね。この場合ももちろん自己肯定感は得られていないのよ。

これらを踏まえると、アナタの言う「自信満々の人」というのは自己肯定感のある人ではないし、もちろん目指すべきでもないということになるわ。

では自己肯定感のある人とは何かしら？　自己肯定感がある人は、自分のことを否定したりしない。自分がどう感じ、どう考え、どう行動するかで動いている。自分自身のことはあるがままに受け止めているから、「自分がこう感じるのはおかしいのではないか」なんて考えたりはしない。自分が感じていることは間違いのない事実だから、それは疑う必要もないのよ。

　すると、自己肯定感のある人というのは、言い方を変えれば「自分軸」の人なの。アナタに必要なのは自信ではなく、自分軸。つまり、自分軸を育てていけばいいの。

自己肯定感のある人は、自信満々の人じゃなくて自分軸のある人です。

35

他人の言葉は、話半分以下

私は、他人に何か言われるとすぐ凹んでしまいます。いったいどうしたら気にならずに済みますか？

他人の言葉に右往左往するのって、ある意味自然なことなのよね。人間ってコミュニケーションの生き物だから、やっぱり他人の存在は大きく感じるのよ。さらに、他人からかけられた言葉がネガティブなものだとさらに気になってしまう。これもある意味自然なこと。なぜなら、人間はネガティブな情報を強く察知するものだから。危険な状況を回避するために、ネガティブな情報には敏感になりやすいのよ。

そうすると、「他人からのネガティブな言葉」というのは、言い方を変えると「ほとんど考え過ぎ」とも言えるわね。

では、もう少し納得してもらうために、「他人からネガティブな言葉をかけられたとき」のパターンについて見ていきましょう。

①アナタのことが気に入らないとき

相手のことが気に入らないとき、人はネガティブな言葉をかけることがあるわ。たとえば、アナタが成功して他人が悔しいとき。こんなときはアナタを凹まそうとして、ネガティブな言葉をかけるかもしれない。また、アナタの自信を失わせて、自分が有利になりたいときも、ネガティブな言葉をかけるかもしれないわ。

そして、アナタに真意が届かなければ「アナタのことを思ってあえて言うけれど」なんて余計な枕詞《まくらことば》も入れてくるかもしれないわね。

②相手が何も考えていないとき

アナタは深く傷ついているんだけど、相手にはそんな意識もなく話しているだけのこともあるわ。話の流れでなんとなく「アナタって〇〇だよね」などと言ってしまう。人間の会話というのは、ちゃんと情報を伝えるだけでなく、ただのコミュニケーションで行う場合もあるの。そんなときの言葉は、大して意味を持っていない。

でも相手の不用意な一言が、アナタを傷つけることもある。もちろん悪気がなければいいわけじゃないけれど、気にしないで済むなら、それがいいわ。

では、この2パターンについてよく考えてみましょ。①の場合は、相手に悪意がある。つまりアナタを傷つけることが目的なので、アナタの問題ではない。だからクヨクヨしなくていい。②の場合ならなおさら気にしなくていい。相手はなんとも思っていない話だから。つまり相手から投げかけられたネガティブな言葉は、一切気にしなくていいのよ。もちろん、こう言うと「本当に自分の言動が問題な場合もあるのでは?」と思うかもしれないわね。そういうときは、アナタの信頼している人が、アナタに伝わるように話してくれると思うわ。「ちょっと話したいことがあるから、いい?」と、大切な友人や信頼できる先輩が言ってくれるから、そのときに聞けばいいのよ。

そして、他人のネガティブな言葉を気にするアナタに、これだけは伝えておきたいわ。そんなに真面目で一生懸命生きているアナタに、大きな問題なんてあるはずもないでしょ。だから大丈夫。

他人のネガティブな言葉は、悪意がある人の攻撃か、何も考えていない人の意味のない言葉です。

36

完璧主義の人も、効率よく動かす方法があるのよ

よく他人から「完璧主義だね」と言われます。確かに自分でもそう思いますし、なんとかしたいのですが、ついつい完璧を目指してしまうのです。気がついたら疲れている自分がいます。一体どうしたら「完璧主義」を手放せますか？

完璧主義というのは、性格ですからね。性格って簡単には手放せないのよね。それまでのアナタの人生がつくり上げてきたものだから。とはいえ、性格だから変えられないというわけでもないのよ。ほら、「久しぶりに会った友人が、昔とはまったく違う性格になっていた」なんてこともあるじゃない？　性格は生まれ持ったものと、後から身についたものがある。少しずつなら変えていくことは可能なのよ。

じゃあどうすればいいのかと言うと、「自分は完璧主義だな」と自覚した上で、少しずつ変えられることは変えていく。たとえば「いつもなら、飲み会のセッティングは自分が完璧にやっていたけれど、次からは人に任せてみよう」とかね。できそうなときに、できる範囲で少しずつ。とはいえ、本当に少しずつ、少しずつですからね。

玉ねぎの皮をむくように少しずつよ。だから他の方法もあったほうがいいわね。

そこでアテクシがおススメするのが、「優先順位を決める」という方法です。まず、自分がやらなきゃいけないこと、やろうとしていることを書き出す。書き出した上で、優先順位をつけていく。

このときに気をつけなきゃいけないことは、「どちらも同じぐらい大切」という曖昧なことはやらない。「AかBか、どちらかしかやれないとしたらどうする？」ぐらいに追い込んで優先順位を決めるのよ。そうすると、たとえば10個やることがあったら、1~10までやる順番ができてくるのよ。

この優先順位表ができたら、1から一つずつこなしていく。完璧主義のアナタは、多分途中でやる時間がなくなると思うの。すると、残りはやらない。優先順位の高いもののいくつかは終わっているでしょうから、残りはやらなくても何とかなるものなのよ。

またはどうしても全部やりたかったら、すべてをやろうとしてもいいわ。ただし優先順位の高いほうからね。そうすると、気がつくはずよ。**「全部やろうとすると、あ**

る程度適当になる」と。それはそれでいいのよ。

つまり完璧主義の人の問題は、すべてのことを同じ比重でやろうとすることなのよ。でも人間に与えられた時間も能力も決まっているから、これだとうまくいかない。やることを全部書き出して優先順位を決めることで、「3つだけ全力でやろう」とか「全部やるけど、ほどほどにしよう」とか自分の戦略が見えるようになるのよ。

完璧主義の人は、「やることの優先順位」をしっかり決めてみましょう。

第6章

自分を大切にする

37

人生は、他人を気にして生きるほど長くないわよ

他人のことばかり気にしてはいけないと言いますが、社会生活をする上ではどうしても他人への配慮は不可避です。自分のことばかり考えるわけにはいかないのです。それの何がいけないのでしょうか？

まず、自分のことを考えることと、他人への配慮をしないということは別の問題よ。大切なのは、自分が納得した行動を取るということ。世の中には、本来自分で考えて取るべき行動を奪う人間がいるのよ。他人に合わせてばかりいると、そういう「自分軸」を奪う人間のせいで、自分の時間がなくなってしまうの。

この「自分の時間がなくなってしまう」ということを軽く考えてはいけないわ。なぜなら、アテクシたちに与えられた時間は限られているから。１日は24時間しかないし、寿命もうまくいって80年～１００年しかない。しかもそこまで生きられる保証なんか何もない。

他人のために1時間、本来使いたくない、使うべきではない時間を費やすと、アナタのための時間が1時間使えなくなる。自分の時間が奪われるということを軽く考えてはいけないのよ。これを無意識に行っていると、自分の時間なんてあっという間になくなってしまうわ。そのときに、後悔はしたくないでしょう。もちろん他人への配慮は必要よ。でもそれは自分が納得して配慮するもの。強要されるものではないのよ。

では、どんな人が「自分軸」を奪うのかについて考えてみましょう。ここでは「自分軸」を奪う人がよく使う「言葉」について説明していくわね。

①「アナタのためを思って」と言う人

この言葉を使う人は要注意よ。その後に何か強要してくることが多いわ。そのままだとアナタに受け入れられない可能性があるから、そういう言葉を発することがあるの。自分のために言ってくれたのなら、「ありがとう」と言うしかないし、受け入れざるを得ない状況になるでしょ。だからこそ、この言葉が出てきたら、本当に自分のためになるのかどうかよく考えることが大切よ。そもそも自分のためになるのかどうかは自分が判断することだしね。

②「それぐらいしてくれてもいいでしょ」と言う人

この言葉、意外と使う人が多いのよね。この言葉を使われると、まるで自分に包容力がないように感じてしまう。そこに付け込むのよ。「してくれて当たり前」なんてことはこの世に一つもありません。自分でよく考えることが大切ね。

③「お願いがあるんだけど」と言う人

こう言われると、もし断ると自分が「ささやかなお願いも断る、小さな人間」に思えてしまうから、断りづらくなるのよ。そしてたいていこんな人に限って、自分がお願いをするとあっさり断られてしまうのよね。

自分の時間は限られているのに、自分で考え行動することを邪魔する、「自分軸」を奪う人が存在している。そういう人には気を付けましょう。

38

自分の心は、半分はライフスタイルがつくっているの

最近、仕事が忙しくなり、睡眠時間もバラバラです。そのころから、短気になってきたような気がします。他人のささいな言動にイラっとするのです。元々そんな人間ではなかったと思うのですが、やはり仕事も影響しているのでしょうか？

大いに影響しているかもしれないわ。自分の性格が変わってきた時期と一致しているものね。そもそも、ライフスタイルって、メンタルに大きな影響を与えます。特にアナタの場合、一番大切な睡眠が不安定になっているみたいだから、十分な睡眠時間と、寝起きの時間を一定にしたほうがいいわね。

この**「ライフスタイルを見直す」という発想は大切**なのよ。精神的に不安定になると、その原因や考え方の問題だと捉えがちなんだけど、実は単純に体調不良によるものの可能性があるわ。たとえば風邪をひいたりすると、妙に不安になったり、落ち込んだりした経験はない？　それは体調の悪化によって精神的に不安定になっているのよね。

では具体的に見直したほうがいいポイントについてお話ししましょう。

①睡眠

睡眠は精神の安定にとって一番大切な行為よ。まず十分な睡眠時間がとれているかを確認する。どれだけ寝たほうがいいかは個人差があるわ。おおむね日中に眠気が出ず、快適に活動できる睡眠時間があればいい。

後は、睡眠の質も大事ね。寝ているときの温度や湿度、部屋の暗さが快適に保てているか。そして、寝る時間、起きる時間が一定かどうか。

人間はおおむね夜10時〜夜中の1時ぐらいに寝たほうが、質のよい睡眠をとりやすいの。サーカディアンリズムといって、人間には体内時計がある。夜に寝て昼に活動できるように、ホルモンバランスや血圧、眠気などが調整されているから、極端に不安定な生活は望ましくないわ。

②食事

食事が適切なタイミングで、適切な量を摂《と》れていることも大切よ。もちろん栄養もバランスよくね。やはり食事が足りていないと、低血糖になりやすい。低血糖だと当然イライラにもつながってきますから、ある程度意識する必要があるわね。特に忙しくなると、食事を抜いたり、手早く済ませる人がいるから、要注意よ。

③飲酒

不安や緊張が続くとお酒の量が増える人がいます。また、睡眠薬代わりに晩酌をする人もいるわね。しかし、これは大変危険な行為なの。

アルコールは一時的に不安や緊張を和らげてくれるけれど、飲み過ぎると逆に不安や緊張を高めます。また、慢性的に飲むことで、性格変化が起き、逆に不安が強くなることもあるの。

睡眠も、寝つきはよくなるけど、睡眠の質は悪化する。だから変な時間に起きたり、浅い眠りになったりするわ。

何よりアルコールは、それ自体が依存症の原因にもなる。もし知らず知らずアルコールの量が増えていたら、飲むのを控えることが大切よ。

④陽光を浴びる

忙しいからと引きこもって作業したり、昼夜逆転の生活で太陽を浴びない生活を続けていると、気分や意欲の低下を引き起こすことがあるわ。陽光を浴びることがうつ病の治療にも使われるぐらいだから、ちゃんと浴びることが大切。

おススメとしては、朝起きたらカーテンを開けてしっかりと陽光を浴びること。これにより、体内時計の乱れもリセットされやすくなるわ。

⑤適度な運動

運動はうつ病の治療にも良いとされているわ。他にも認知症にもよいとされているの。

もし最近の自分の生活を見直してみて、まったく運動をしていないのなら、少し運動を取り入れてみてはどうかしら。散歩する時間をつくるとかでもいいのよ。

「他人のことでイライラする、気になる」は、体調の乱れからきていることもあり得ます。睡眠、食事、運動など見直したら解決する可能性もあります。

39

アナタのお金の使い方、「他人軸」になっていない？それだといくらお金があっても足りないのよ

他人のことはなるべく気にしないようにしたいのですが、どうしても「お金」が絡むとうまくいかなくなります。他人の収入や乗っている車、家など「ステイタス」を意識しちゃいます。そのため、ついつい無理をしていいものを買ってしまいます。また、他人が株で本業以上にもうけているなんて聞くと、自分も手を出したくなります。一体どうしたらいいのでしょう。

お金の使い方には大きく2パターンあると思うのよ。一つは「他人軸」の使い方。これは、他人から「すごいね」と言われたいためにお金を使う方法です。たとえば、高級時計を買う、高級車を買う、流行《はや》りのものを買う、高級ブランドの服を買う、タワマンを購入するときの一部がこれに該当します。

一部というのには理由があって、これらの買い物であっても「他人からどう思われるか」がメインの理由ではない場合もあるからね。たとえば、「みんなの憧れの的のタワマンに住みたいから買う」なら他人軸。「価格が下がることはなさそうだし、セキュリティ、交通の便を考えると、最適の住宅がタワマンである」と納得して買った場合は他人軸ではないわ。つまり、他人にステイタスを誇りたいと思ってお金を使う場合は、他人軸なのよ。

また、自分が「株も資産運用の一部である」と冷静に考えて手を出すのなら他人軸じゃないけれど、「みんなやってもうけているから、自分も成功したい」と思うなら他人軸。つまり、自分の納得より、「他人からどう思われるか」を優先してお金を使うのが、「他人軸」のお金の使い方なのよ。

一方で、「自分が納得したことにお金を使う」のが「自分軸」のお金の使い方。「他人」は関係なくて、自分にとって必要だと思うからお金を使うのが、「自分軸」のお金の使い方。

もちろん理想は「自分軸」のお金の使い方よね。「他人軸」のお金の使い方の大きな欠点は「キリがない」ということ。他人の目を意識してのお金の使い方なので、青天井なのよ。上には上があるので、いくらあってもお金が足りない。また、自分がやりたいわけでもないのに「周りがもうけているから」なんて理由で株なんかに手を出すと、一気に破綻するリスクすらあるのよ。

また**「自分軸」のお金の使い方だと結構節約できます。自分が納得したら、それ以上に使う理由はないから**ね。無駄遣いに納得できなくて、むしろ倹約家になるかもしれないわ。

ただ、お金の使い方で「自分軸」か「他人軸」か意識するのは案外難しいの。なぜなら、人は自分に「言い訳」をするからよ。たとえばタワマンを買うときに、本当はステイタスとして買いたい。でもそれだと、買う理由には弱いから「多分価格が下がらないし、いろいろ便利だから結局安上がりになる」なんて後付けで「自分軸」の理由を探すのよ。

これを防ぐためには、まず「すぐ決めない」こと。「他人軸」のお金の使い方をする人って、勢いで買っちゃう癖があるのよね。そうじゃなくて、1週間でも2週間でもいいから、時間を置いてみる。そしてその間に、「本当に自分が納得しているのか」をゆっくり考えてみるの。

幸いなことに「他人軸」の買い物は、欲しいと思った瞬間が一番欲しいの。時間が経つと「まあ、どうでもいいか」となりやすいのよね。自分で納得して買うわけじゃないから、モチベーションが持続しないのよ。だからまず、買いたいと思ってから決断するまでに時間を置くようにしてみて。

お金の使い方にも「他人軸」と「自分軸」がある。なるべく「自分軸」で買うようにしましょう。まずは、ちょっと時間を置いて本当に欲しいのかどうか考えてみることです。

40

好きなことって、
わざわざ見つけなくても
いいのよ

自分の好きなことがなかなか見つかりません。もし好きなことが見つかれば、他人のことなんてどうでもよくなるのになあと思っちゃいます。好きなことの見つけ方を教えてください！

確かに「好きなことがある」というのは大きな武器になるわよね。いろいろ辛いことがあっても、好きなことがあれば何とかやっていけるものね。ただ理解しなければならないことがあるわ。

それは、「好きなことは最初からあるか、最初からないもの」だってことよ。どういうことかと言うと、好きなことがすでにあるのなら、もうわかっているはずだし、そして始めているはずだってこと。もし、今そうでないのなら、アナタに「好きなことはない」のよ。言い方を変えると、好きなことは見つけるものではないの。「あるか、ないか」ってことね。

では、ない場合はどうすればいいのか。その答えはシンプルで、「いろんなものに出合うこと」よ。人はいろんな出合いの中で、自分にしっくり合うものを見出すの。

そして、この「合うもの」というのは、趣味や仕事、物だけでなく、人間もよ。好きなものというのは、出会いの中で出てくるの。といきなり言われても、どう動けばいいかわからないでしょうね。そこでまず手始めに、今やっていること、やるべきことをちゃんとやることよ。出会いもわざわざ動くものじゃない。「今」の延長線上で始めるのがいいのよ。

たとえば仕事とか勉強とかね、今やっていることをきちんとやる。そのために必要なことを進めていく。人との出会いも同じ。好きな人を見つけるために何か始めるのではなく、まず周りの人間ときちんとコミュニケーションを取る。するとその延長で、いろんな選択肢が出てくる。そうしたら、自分の好きな方向に進む。

つまり、「なりゆきに任せて進む」の。すると自然に好きなものがいつか見つかる。必ず見つかる。一番よくないのは「好きなことが必要」「好きなことがなければならない」と思うことね。そういう意識があると、「好きなことが見つからないのはダメだ」と自分を追い込んでしまう。そんなときに「どうしたら好きなものが見つかるんだろう」と悩む。つまり自ら袋小路に迷い込んだような気分になるのよ。

好きなことがあるというのは、「自分をわかっている」ということ。だから、まず自分を肯定することが大切なの。好きなものがなくてもいい。それぐらいに自分の素直な気持ちを見出すと、逆に好きなことが見えてくるものなのね。

ちょっと抽象的だから、手前味噌だけど、アテクシの例を出しましょう。たとえばアテクシは、文章を書くことが好き。それは今とてもよくわかっている。でも最初からわかっていたわけじゃないのよね。思い出せば、「ああ、文章書くの好きだったよね」というエピソードはいくつでもあるけれど、忘れていたの。

今のアテクシにつながっているのは、寝たきりだった父が亡くなったとき。毎日のようにお見舞いに行っていたから、なんとなく心に穴が開いたような気分になっていたの。そんなとき、ネットサーフィンでふと思いついて、なんとなくブログを書くことにした。そうしたら、反響があって面白かった。次はこうしてみよう、ああしてみようって思えて、自然にそうしていた。そうしたら、自分が文章を書いて、誰かを楽しませるのが好きだったことを思い出したのよ。何か好きなものを見つけようとして見つけたわけじゃない。なりゆきに任せて、気の向くままに動いていたら「再発見」

できた。だから好きなことが見つかったの。こういうものなのよ。

好きなものはわざわざ見つけない。今やっていること、やるべきことから、なりゆきに任せて、自分の動きたい方向に動く。すると自然に見つかります。

41

「欲」にも いろんな欲がある。「いい欲」だけを 心に残すのよ

自分は欲深いほうで、あれもこれもと欲張ってしまいがちです。欲にもいい欲と悪い欲がありますか？

どんな物事も、判断する基準ってシンプルなのよ。それは「それがあると、自分にとってプラスになるかどうか」という基準よ。「欲」についても同じこと。その欲を抱くことで、自分がプラスと感じられるのなら、よい欲。そうじゃなければ悪い欲ということ。

具体的には、何か欲を抱くことで、やりたいものや充実感につながるのであれば、それはよい欲。しかし、欲を抱くことで、それが得られないことにストレスを感じたり、自己肯定感が低くなるのであれば、それは悪い欲ということなのよ。悪い欲というのは、言い方を変えると「執着」という表現もできるかもしれないわね。

ただ、この「自分にとってプラス」というのは、「長い目で見たときにプラス」である必要があります。目先のプラスになるように見えても、長い目で見たらプラスにならないこともいっぱいあるわ。

たとえば浪費したいという欲。これは浪費することで、高揚感や、物を得られたという充実感を感じることができるかもしれない。しかし、これはキリがないし、お金もなくなってしまう。買い物依存になるリスクもある。最終的にはプラスにはならないわ。

でも、この「長期的にプラスになるかどうか」は、なかなか予測がつかないこともあるの。最初は「よい欲」だと思っていたのに、次第に「悪い欲」になることもある。これを防ぐために大切なことは、「固定観念に縛られず、今の自分の気持ちを素直に見る姿勢」なのよ。

具体的に言うと、「サッカー選手になりたい」という欲があったとしましょう。部活に入り、練習に励み、ずっとサッカーのことばかりやっている。そして、それが自分の心を支え、辛いときも励ましてくれる。人間関係も広がり、いろんな物事を学べるようになる。

こういう状態なら間違いなく「よい欲」なのよ。しかし、ここで「サッカー選手になりたい」という欲はいいものである、と思い込んでしまうと、状況が変わったときに対応できなくなるの。たとえば、なかなかうまくいかなくて、「自分はサッカー選手になれるはずもない」と落ち込むようになることもある。サッカーばかりに気をとられて、他のやるべきことが手につかないときもある。そもそも、サッカーが楽しくなくなる日も来るかもしれない。こうなったときに、立ち止まって「僕のこの欲はプラスになっているのだろうか」と思えることが大切なの。

つまり、自分の気持ちをつぶさに観察して、「これはプラスになるものだ」「プラスにならないものだ」と自覚して動くことが大切なの。もし、それが違ったとしても、「違うな」と思えたときに、ちょっと考え直せればいい。

自分の状況を柔軟に見直す姿勢と、「自分にとってプラスかどうか」という観点。これがあれば「悪い欲」にとらわれることはなくなるわ。

よい欲かどうか。それは自分にとってプラスかどうかを考えることが大切です。

42

素敵な人と過ごす時間が多ければ、アナタも素敵な人になる！

憧れの先輩がいます。その人は仕事もできて、周りの人にも配慮でき、優しくてかっこいい人です。またプライベートでも充実していて、素敵な旦那さんと結婚して家庭円満です。こんな人間になりたいなあと思うのですが、一体どうしたらいいのでしょうか？

一番簡単な方法は、その人の近くにいることね。「朱に交われば赤くなる」とも言いますが、まさにその通りで、人間は他人の影響をかなり受けるのよ。個人差はあれ、どんなにマイペースで頑固な人でも、周囲の人間の影響を少なからず受けるわね。

つまり憧れの人と一緒に過ごすようにすれば、憧れの人の影響を受けるようになるわけです。それは「その人のやり方を覚えることができる」というだけでなく、その人の価値観や考え方なども知らず知らずのうちに吸収できるのよ。

たとえば、アナタがルーズでだらしないところがあるとしましょう。でも周りに時間をしっかり守る人が多ければ、アナタも時間を守るようになるはずよ。なぜならば、「周りとの約束にアナタだけが毎回遅れる」ということになれば、かなり気まずい思いをすることになる。アナタの評判も悪くなってしまう。すると、なるべく遅刻しないように、自然と努力するようになるわけ。また、「遅刻は悪いことだ」と認識するようになるので、知らず知らずのうちにルーズなところが改善されていくわけです。

一方で、逆のパターンも考えられるわ。もしアナタが時間厳守で几《き》帳面《ちょうめん》な性格だったとしても、周りがルーズなら、だんだんルーズになっていくの。たとえば、アナタだけが時間を守っても、周囲が適当で、約束の時間には誰も現れないなんてことが起きるわけ。すると、アナタも時間が無駄になるので、「みんなが集まってきそうな時間になんとなく行けばいいや」となるわよね。

アテクシ、中高時代はいわゆる「進学校」にいたのだけど、この学校は結構「放任主義」で有名だったのよね。「自分で勉強する気があるのなら、勉強すればいいよ」というスタンスだった。だからそんなに宿題も補講も多くない。だけどクラスの中に、極めて優秀な生徒がたくさんいたのよね。雑談してても「この人の頭の回転、すごいなあ」「この人、めっちゃ勉強してるな」という子が多かった。それがお互いにいい刺激になって、成績につながっていたのよね。

つまり、自分の憧れの人に近づくには、物理的に近づくのがもっとも良い方法なのよ。そして、憧れの人とコミュニケーションを多く取るようにする。それだけで感化されて、憧れの人のようになれるわ。

また言い方を変えると、「自分が良くない方向に向かっているな」と感じたのなら、周囲の人間関係を見直すべきね。無駄遣いをするようになった。飲酒量が増えた。約束を守れなくなった。喫煙を始めるようになった。こういったことは、周囲の人間の影響によっても十分起き得るのよね。

生きられる時間は限られているのだから、どうせなら素敵な人と一緒に過ごすようにしたいわよね。

周囲の人間の影響は侮《あなど》れない。憧れの人間を目指すなら、憧れの人間の側にいるといいでしょう。

43

自分に
好きなところがない？
いい方法があるのよ

自分には好きなところがありません。どうすればよいでしょうか？

別に好きなところがなくたっていいと思うのよね。よくよく考えてみたら、「私自分のこんなところが好きなの！」って言う人、むしろあまりいない気がするのよね。「自分の好きなところってどこですか？」と聞かれたときに、頑張って考えてみるぐらいじゃないかしら？　アテクシも、自分の好きなところって、パッとは思いつかないわよ。つまり「自分には好きなところがわからない」って、わりと普通のことよ。

ただ、アナタは何も悩む必要がないのかというと、そういうわけでもないのよ。たいていの人は「自分の好きなところ」ってあまり意識していない。意識していないということは、気にしていないということ。つまり、すぐに出てこないからといって、自分が嫌いというわけじゃない。どうでもいいから気にしていないだけ。

でも、アナタは「自分には好きなところがない」と気にしている。それが気になるということは、自分のことが好きじゃないからなのよ。「自分の好きなところがない」ではなく「自分が好きじゃない」という悩みなのよ。つまり自己肯定感の話よね。

じゃあ、「どうやって自己肯定感を高めるか」なんだけど、発想の転換をしてはどうかしら。アナタには自分の好きなところがない。ということは、嫌いなところならいくらでも見つかるわけよね。それを探して対策すればいいのよ。具体的には次のような方法はいかがかしら？

①嫌いなところを箇条書きにする

まずリストアップして書き出す。内容はなるべく端的にね。書き出すだけでも、ちょっと気持ちはスッキリするものよ。

②どうにもならないものはリストから外す

このうち、生来のもので、どうにもならないものはリストから外しましょう。外見的なものは、美容整形などの方法もあるけれど、今回の目的を考えると、とりあえず外しておいたほうがいいわ。

③その中で優先順位の高い順に並べる

④できそうなところから、やってみる

こうすると、自分の嫌いなところが目標になる。すると自分のやるべきことが見えてくるわ。自分の目標に向かって行動すると、頭がお暇にならずに済む。余計なことを考えなくなる。気がついたら、自分が好きかどうか気にならなくなると思うわ。

まずは自分の嫌いなところを目標にして、やるべきことに向かって行動しましょう。

44

人生の主人公は自分なのよ

「自分軸」と言いますが、今まで他人に気を使いながら生きてきた私にとっては、なかなか理解できません。本当に自分が納得したことだけをやって生きていいのでしょうか？　それでは他人に迷惑がかかるのではないでしょうか？

もちろん、自分が納得したことだけをやっていいのよ。それで他人に迷惑がかかるかというと、そんなことはありません。ただ、「迷惑だ」と言う人たちはたくさんいるでしょうね。

問題は、「迷惑だ」と言われたからといって、本当に迷惑なのかということなのよ。自分が納得するように行動して、何がいけないの？　もちろん、法に触れるようなこと、明らかな迷惑行為はダメよ。でも、アナタの生き方をアナタが決めることに何の問題もない。

でも、それすら「迷惑だ」と言ってくる人が世の中にはたくさんいるの。そして、そんな強い「他人」を相手に恐縮してしまう人がいる。他人を優先してばかりで、自分がどう生きたいのかすらわからなくなる人がたくさんいる。それは大変もったいないことなのよ。そして、ナンセンスなことでもあるの。

なぜなら、人生の主人公は、他ならないアナタだからよ。この世界にはたくさんの人がいる。そして、アナタはその一員に過ぎない。だけど、誤魔化されてはいけないわ。**世界にはたくさんの人がいるけれど、自分が見ている世界を見ることができるのは、アナタだけなの。**

どの人も、アナタの人生を生きることは不可能。アナタが見聞きしたこと、感じたこと、考えたことを体験できるのはアナタだけなの。だから人生の主役は間違いなくアナタなんです。

そして、この人生には期限がある。生まれてから死ぬまでの時間だけが与えられている。他人に譲っている時間なんてないのよ。自分の世界も、あっという間に過去になって流れ去ってしまう。人生は奇跡的に自分に与えられた、一瞬の光のようなものよ。

だから何も迷うことはない。自分できちんと考えて、納得できるように生きる。それだけが人生を輝かせられる。だから自信を持って、自分が納得するように生きてくださいね。

自分の人生は、自分だけに与えられた有限のもの。だから、思う存分、納得するように生きていいのです。

〈著者略歴〉

精神科医 Tomy（せいしんかい とみー）

1978年生まれ。名古屋大学医学部卒業。医師免許取得後、名古屋大学精神科医局入局。精神保険指定医、日本精神神経学会専門医。39万フォロワー突破のX（旧・Twitter）が人気で、テレビ・ラジオなどマスコミ出演多数。著書に『精神科医 Tomy の気にしない力』（だいわ文庫）、『精神科医 Tomy が教える 30代を悩まず生きる言葉』『精神科医 Tomy が教える 1秒で不安が吹き飛ぶ言葉』（以上、ダイヤモンド社）ほか多数。

装丁　一瀬錠二（Art of NOISE）

カバー・本文イラスト　カツヤマケイコ

他人を気にしない自分になる

2024年11月29日　第1版第1刷発行

著　者　精神科医Tomy
発行者　永田貴之
発行所　株式会社ＰＨＰ研究所

東京本部　〒135-8137　江東区豊洲5-6-52
ビジネス・教養出版部　☎03-3520-9615（編集）
普及部　☎03-3520-9630（販売）
京都本部　〒601-8411　京都市南区西九条北ノ内町11

PHP INTERFACE　https://www.php.co.jp/

組　版　株式会社PHPエディターズ・グループ
印刷所　株式会社精興社
製本所　東京美術紙工協業組合

ISBN978-4-569-85830-2